U1004009

区域协调发展视域下职业教育的供给侧改革研究

徐英姿 著

河北大学出版社
·保定·

出 版 人：刘相美
责任编辑：张　磊
装帧设计：张彦琪
责任校对：耿兆飞
责任印制：常　凯

区域协调发展视域下职业教育的供给侧改革研究
QUYU XIETIAO FAZHAN SHIYU XIA ZHIYE JIAOYU DE GONGJICE GAIGE YANJIU

图书在版编目（CIP）数据

区域协调发展视域下职业教育的供给侧改革研究 / 徐英姿著 . -- 保定 : 河北大学出版社 , 2024. 11.
ISBN 978-7-5666-2491-8

Ⅰ . G719.21

中国国家版本馆 CIP 数据核字第 20240FD945 号

出版发行：河北大学出版社
地址：河北省保定市七一东路 2666 号　邮编：071000
电话：0312-5073019　0312-5073029
邮箱：hbdxcbs818@163.com　网址：www.hbdxcbs.com
经　　销：全国新华书店
印　　刷：涿州市般润文化传播有限公司
幅面尺寸：170 mm × 240 mm
印　　张：14.5
字　　数：210 千字
版　　次：2024 年 11 月第 1 版
印　　次：2024 年 11 月第 1 次印刷
书　　号：ISBN 978-7-5666-2491-8
定　　价：68.00 元

如发现印装质量问题，影响阅读，请与本社联系。
电话：0312-5073023

前　言

在我国全力推进区域协调发展战略的宏观背景下，我国职业教育的供给侧改革亦显得愈发重要与紧迫。本书从多个维度进行研究分析，全方位解构我国职业教育的现状及面临的复杂挑战，深刻探究我国职业教育在促进区域经济均衡增长中的关键作用，以及面临的主要问题和阻碍。立足于国家区域协调发展策略的战略视野，本书系统地评价了驱动我国职业教育供给侧改革的必然性与紧迫性，并有针对性地提出一系列具备指引性的改革措施。在我国区域协调发展的总体战略下，我国职业教育也要进行适应性改革，走均衡发展之路，走高质量发展之路。本书力求为我国职业教育的供给侧改革提供方向指引，为相关政策的制定提供实证支撑，从而推动我国区域经济的均衡及协调发展。

本书的主要内容包括以下几个方面。

(1) 探讨了我国区域经济发展不平衡的显著特征，这一不平衡体现在经济增长速度、社会福利水平及基础设施建设等多个维度。由于经济发展的差距，我国不同区域在人才需求上呈现不同特点，这不仅对我国经济的均衡发展构成了障碍，也对职业教育的供给侧改革提出了挑战。通过丰富的实证数据研究与深入的案例剖析，本书揭示了职业教育在资源分配、教学质量及专业配置上的地域差异，并对存在的问题进行了系统剖析。

(2) 分析了我国职业教育在区域经济结构转型与技术革新进程中的核心作用。职业教育对于推动就业增长、赋能产业升级及供给社会服务等方面具有无可比拟的优势。在区域协调发展的宏观背景下，职业教育迫切需要应对外部需求不断变化这一挑战，这将涉及职业教育专业布局的优化、教育方法的革新，同时要强化与产业部门的深度联结，以及学校与企业间的协同合作，从而更高效地适应和服务于区域发展多元化的需求。

（3）针对我国职业教育的供给侧改革提出了一系列具体策略，如强化实践教学基础设施的建设、完善教育资源的合理布局、加强国际化合作以提升职业教育的国际竞争力。通过深入剖析广东省高职教育典型案例，阐述了依据各地经济和社会发展的特定需求，实施职业教育供给侧改革的策略和步骤。

本书撰写期间，作者参阅了大量国内外学者的文献资料，这为本书的创作提供了极大的启发。在此，向所有贡献智慧与见解的专家学者致以最真挚的感谢。鉴于作者水平有限且专业认知的局限性，书中可能存在遗漏之处，恳请广大读者及专业同人不吝赐教，予以指正。

目　录

第1章　引言

1.1　研究背景

党的二十大报告强调了区域协调发展的重要性，标志着这一战略在国家经济布局和国土空间体系优化中的核心地位。区域协调发展战略综合包括区域重大战略、主体功能区战略、新型城镇化战略等，旨在推动我国经济高质量发展。实施区域协调发展战略，是在全面建成社会主义现代化强国、迈向第二个百年奋斗目标的新征程中，加快构建双循环新发展格局、推动高质量发展的关键。区域协调发展的核心在于促进各地区经济与社会的均衡发展，减少发展差异，实现国家整体的繁荣。这不仅涉及经济增长的空间再分配，更关乎社会资源与环境利益的平衡配置。在全球经济一体化日益深入的当代，区域协调发展已成为国家发展战略的重要组成部分，这一理念不仅涉及经济层面的均衡与增长，还包括社会稳定性、环境的可持续性，以及社会公平与正义的全面发展。在这一战略框架下，职业教育作为促进区域发展和人才培养的重要力量，扮演着至关重要的角色。职业教育能够通过提供专业技能培训和教育资源，帮助各地区发挥产业优势，促进经济互补和平衡发展。进一步深化职业教育改革，提升教育质量和实用性，能有效培养适应我国新型城镇化和新发展格局需要的高技能人才，为区域经济发展提供坚强的人才支持。

实施区域协调发展战略是为了解决地区发展不平衡所引起的一系列社会问题，如贫困、人口过度集中、环境退化等。因此，区域协调发展不仅关乎经济效益的最大化，更是实现社会全面和谐发展的关键。在这个框架下，职业教育作为教育与就业之间的桥梁，承担着提升劳动力技能、满足区域发展人才需求的重要角色，进而推动地区经济多元化及产业升级。职业教育通过提升个人就业能力，不仅提升了社会的经济效率和创新能力，也帮助减少社会不平等，从而为社会稳定和持久和谐提供了人力资源支持。因此，深入探索职业教育在区域协调发展中的作用和策略，具有对实现区域平衡发展和社会全面进步的长远价值。当前，我国不同区域在发展水平、资源配置和人才培养等方面的差异正逐渐成为影响经济发展和社会稳定的关键因素。这些差异不仅影响经济竞争力，还可能引发一系列社会问题，如显著的人口流动、日益增加的就业压力和地区间的贫困现象。在此背景下，职业教育对于缩小区域差异、提升各区域的经济竞争力发挥着至关重要的作用。职业教育不仅可以提供必要的技能培训以促进就业，还可以通过提高劳动力整体素质推动区域经济的全面发展。

随着我国供给侧结构性改革的深入推进，职业教育领域亦步入了一个充满挑战与机遇的新阶段。该领域的改革需要紧密跟随经济结构的演变，以满足市场对高技能劳动力的需求。这要求职业教育在课程体系、教学方法及技能培训等多方面进行深刻创新，确保其教学内容和培养模式与经济发展的新趋势保持一致。例如，通过加强职业院校与产业界的协作、更新课程内容、优化教学策略及提升教育的整体质量和效率，职业教育能够更有效地支持区域经济的多元化及可持续发展。在供给侧结构性改革的大背景下，研究职业教育的改革路径和策略，对于推动区域间的经济平衡、增强国家的整体竞争力，以及实现社会的长期稳定与和谐具有深远的意义。因此，本书将探讨如何通过职业教育的高质量发展，为我国的经济社会发展贡献力量。

1.2 研究目的

本书旨在深入探讨区域协调发展的理论与实践框架，聚焦职业教育在推动区域协调发展中的关键角色及改革路径。本书将重点分析供给侧结构性改革对职业教育领域的具体影响，探索职业教育如何通过提供与市场需求相符的教育资源和技能培训，促进区域间的均衡发展。本书的分析不仅基于对当前教育体系和市场需求的全面评估，还将涵盖教育策略、课程设计及教育资源配置等关键方面。此外，本书将通过案例研究和实证分析的方法，客观地展示职业教育在减少区域发展不平衡、促进就业及提升劳动力市场适应性等方面的显著效果。基于这些分析，本书将提出一系列具有针对性的政策建议和改革措施，旨在优化职业教育体系的结构和功能，从而更有效地支持区域协调发展战略目标的实现。通过这种系统的探索和研究，本书希望为职业教育的改革提供理论依据和实践指导，以实现更广泛的社会经济效益。

本书的创新之处在于紧密结合职业教育与区域协调发展，系统性地探索两者间的相互作用与影响，旨在突破传统研究视角，通过深入分析职业教育在推动区域协调发展中的核心作用，构建一个新的理论与实践框架。聚焦职业教育如何根据市场需求提供必要的技能与知识培养，从而促进地区经济的多元化与可持续发展，并探讨供给侧结构性改革在职业教育领域的具体策略及成效。本书将通过对国内外成功案例的比较分析，提炼出有效的职业教育供给侧改革策略。这不仅为理论研究和政策制定提供了实证支持，还通过比较不同地区的实践经验，揭示了促进区域协调发展的关键因素和最佳实践。本书的研究不仅丰富了职业教育与区域协调发展的理论基础，还为政府部门提供了制定有效政策的指南，以促进更为高效和均衡的区域经济发展。

1.3 国内外研究现状

1.3.1 区域协调发展的概念及内涵

区域协调发展是一种在不同地区之间实现平衡和谐增长的发展模式。该模式强调基于各区域的资源和能力特点，结合市场机制和政府干预，形成有效的分工与合作体系。具体来说，区域协调发展要求各地区在清晰认识自身的资源禀赋和发展潜力的基础上，选定符合本地特色的发展路线，并通过市场机制优化资源配置，达到经济活动的均衡分布。政府在这一过程中扮演着关键角色，通过制定与执行相关政策来调控和指导发展，从而逐步缩小区域间的发展差距，提高民众生活水平，同时维护人与自然的和谐。这要求政府在宏观调控中融合经济增长、社会公平与环境保护等多重目标，通过精准的政策设计与实施，促进不同区域的互补性和协同性，共同推动全局的可持续发展。从理论视角来看，区域协调发展是一个多维度的经济学概念，涉及经济地理学、发展经济学及区域科学等传统领域，同时也融合了社会学、生态学和政治学等多学科的理论和方法。这种综合性分析框架有助于全面理解并解决区域协调发展过程中遇到的复杂问题，如资源配置的有效性、发展策略的可持续性、社会公正与福利的提升等，从而为相关政策的制定和实施提供坚实的理论基础和实践指导。

在实践中，区域协调发展要求对各区域的经济社会特征和发展潜力进行宏观层面的深入分析，并设计出符合国家宏观发展目标同时满足各地实际需求的政策措施。这种方法不仅可以促进区域间的合理竞争和合作，还可以增强整体经济的韧性和动力，从而实现长期稳定的发展。实施区域协调发展是一个复杂的系统工程，它要求多方面的考量和协调，以确保各区域在发展过程中能够相互支持，共同进步。增长极理论和新经济地理学为区域协调发展提供了重要的理论支持。佩罗克斯的增长极理论揭示了某些特定区域或行业对于国家或地区整体经济增长的核心作用。该理论强调，经济活动和经济增长不是均匀分布的，而是集中在某些关键节点，这些节点成为推动区域经济增长的动力源泉。克鲁格曼的新经济地理学则从空间经济的视角出发，分析了规模经济、运输成本及市场接近性等因素如何影响经济活动的地理分布。通过这一理论框架，我们可以更好地理解产业集聚的形成及地区间经济差异的扩大。这些经典理论的应用有助于政府和决策者更准确地制定政策，通过合理的资源配置和区域规划，优化经济结构，加强区域之间的互补和协调，进而推动整体经济的均衡发展。同时，这些经典理论也提供了一个理论基础，帮助解决在区域协调发展过程中遇到的复杂问题，如如何有效地管理和减少区域不平衡，如何通过政策干预优化经济结构，以及如何通过创新和技术进步加速区域发展等。

随着全球化的加速，经济地理学领域的研究已经从传统的经济因素扩展到包括政治、社会和技术等多维度因素。近年来，全球经济环境的快速变化使得学者们开始更加关注制度因素、技术创新及环境可持续性对区域经济发展的影响。制度环境包括政府政策、法律法规及社会规范等，被认为是区域经济表现的关键因素。此外，技术创新也被视为推动经济增长和提升区域竞争力的重要动力。在环境可持续性方面，随着全球气候变化和生态环境问题的日益突出，区域发展策略逐渐将绿色增长和环境保护纳入考量。这种理论视角的转变不仅反映了对现代经济发展新特点的认识，即全球化、信息化和绿色发展的趋势，也体现了区域发展策略的适应性调整。区域协调发展不仅需要着眼于经济增长，还必须平衡社会公平、环境保护和文化传承等多重目标。因此，现代经济地理学的研究不再仅限于传统的空间经济分析，而是在更广泛的社会经济背景中，探讨区域协调发展的综合策略和多元化路径。这些新的研究方向为理解区域协调发展的复杂性提供了新的理论框架，同时也为政府部门寻找适应当前经济发展趋势的政策策略提供了新的视角和思路。

国内外在区域协调发展方面的成功实践为区域经济学理论提供了实证支持，并且为政策制定带来了宝贵的经验和启示。欧洲联盟的结构基金项目便是一个典型例子，此项目旨在通过财政支持减少成员国之间的发展差异，尤其是支持那些经济较落后的地区。该项目的实施不仅促进了成员国间的经济平衡，也加强了整个联盟的经济整合和社会凝聚力。在我国，为了缩小东西部地区的发展差距，政府提出并实施了西部大开发战略。这一战略的核心目的是通过政策支持和资源优化配置，加强西部地区的基础设施建设、工业发展和人力资源培养，从而促进其经济增长和社会进步。这一政策的执行有效地推动了我国区域协调发展的进程，促进了国内经济的平衡与社会的稳定。从这些实践案例中我们可以看到，成功的区域协调发展策略需要综合考虑经济、社会、环境等多方面因素，并需要政府的积极参与和明智的政策引导。此外，这些案例还体现了区域协调发展策略的多样性和灵活性，即不同的国家和地区可以根据自身的特定条件和需求，制定和实施适合自己的区域发展策略。

1.3.2 区域协调发展的理论与实践发展

区域协调发展的核心目标在于通过有效的资源配置和加强区域间的互动合作，促进不同区域间的平衡和谐发展。这种发展模式不仅关注经济增长的速度和效益，而且广泛涉及社会公平和环境可持续性等多维度目标。在经济层面，区域协调发展特别强调地理上的经济活动均衡分布，以及区域间的经济互联互通，目标是通过优化产业布局和推动区域间的经济合作，缩小不同区域间的发展差异，促进经济的整体提升。这不仅涉及资源的合理分配和利用，还包括通过提高地区间的互联互通，减少地区发展不均的现象。在社会层面，区域协调发展着重于提升整个社会的福祉水平，关注通过改善教育、医疗、住房等公共服务的可达性和质量来实现社会成员间的平等。这涉及如何缩小城乡、不同社会群体之间的福利差距，确保每个人都能享受到公平的发展机会，从而推动社会的整体和谐与进步。在环境层面，区域协调发展强调在促进经济增长的同时，必须保护好自然环境，实现资源的可持续使用。这要求在发展过程中采取有效措施，减少对生态环境的负面影响，保护生物多样性，确保自然资源能够得到合理利用和长期维护。可见，区域协调发展的实施需要在经济、社会和环境等多个维度进行综合考虑和规划。区域协调发展不仅是一种经济增长战略，更是实现社会全面进步和生态环境保护的重要途径。通过这种全面的发展模式，可以为各区域的可持续发展和我国社会的长期繁荣稳定奠定坚实的基础。

区域协调发展理论汇聚了经济学、地理学、社会学、环境科学等多个学科的理论，从而形成了一个全面的分析框架。这种综合性的理论框架不仅为区域协调发展策略的制定提供了科学依据，也为政策的执行和调整带来了多元化的视角和方法指引。

（1）经济学视角

区域协调发展理论在经济学领域关注于分析经济增长的空间分布特征和区域间的经济互动关系。从这个视角出发，研究如何通过经济政策和市场机制实现资源的优化配置和经济活动的有效分布。这不仅包括追求经济总量的增长，还强调提升经济增长的质量和减少区域经济差异，以促进全面而均衡的发展。

（2）地理学视角

从空间的角度出发，地理学侧重于研究不同地理环境条件和空间布局对区域协调发展的影响。这包括如何通过合理的空间规划和区域布局，引导产业分布和经济活动，以实现区域发展的平衡和可持续性。地理学特别强调地理因素在区域协调发展中的重要性，如自然资源的分布、地形地貌、人口迁移和城市化进程等。

（3）社会学视角

社会学则着重于分析社会结构、社会公平及社会资本对区域协调发展的作用。从社会学的视角看，社会的稳定性、公平性和社会网络的密切程度是区域协调发展的关键。因此，区域协调发展应着眼于减少社会不平等，增强社会团结，促进社会资本的形成和利用，从而为区域协调发展提供坚实的社会基础。

（4）环境科学视角

环境科学在区域协调发展理论中突出了在促进经济增长的同时保护生态环境的重要性，主张实现经济与环境的可持续发展。这要求通过科学的环境管理和技术创新，实现资源利用效率的提升和环境质量的改善，以确保区域协调发展的长期可持续性。

通过多学科的综合视角，区域协调发展理论能够更全面地应对现代社会面临的复杂挑战，为制定和实施有效的区域协调发展策略提供理论支持和实践指导。其理论实用性在于它能够指导政策制定者综合考虑经济、社会、环境等多方面因素，制定出更加全面和有效的发展策略。

随着经济全球化与区域经济一体化进程的加快，区域经济社会的协调发展已在各国引起高度重视。以我国为例，长江经济带发展战略就是我国区域经济协同发展的一个具有代表性的实例。该战略通过对城镇化的空间职能进行分区，实现了区域内的资源合理分配，从而推动区域内各城市间的协同发展，同时在发展战略中提出了以人为本的指导思想，指出既要实现资源的高效利用，又要实现区域间的相互补充与促进。北京、天津、河北等城市群的协同发展主要表现在城市基础设施、社会资源、社会保障等方面。京津冀地区空港群的发展，既方便了地区间的运输，又带动了整个地区的经济发展。上述举措有助于建立更为密切的区域市场，并加强该地区的经济发展势头。从世界范围来看，区域协调发展的实践也非常广泛。以欧洲为例，其地区协同发展主要表现为跨地区的合作与整合过程。如欧洲联盟为缩小各国的发展差距，推动经济与社会平衡发展而制定的结构性资金与地区政策，并在此基础上提出了一系列有利于本地区经济发展的新举措。在今后的经济社会发展中，处理好科技进步与生态环保的关系是地区经济社会发展的重要方向。以大数据、人工智能、物联网等信息产业为代表的数字智能化为区域协同发展注入了新的活力。利用上述方法，可以实现对地区资源的合理配置，从而提升公共服务效能。目前，生态系统的可持续发展也逐渐成为衡量地区经济发展水平高低的一个主要标志。在应对全球气候变化问题的背景下，各国日益关注在促进经济增长的前提下，实现对生态系统保护和低碳减排的双重目标。例如，我国的城市群碳减排水平已成为评价我国经济社会可持续发展水平的关键指标。本书将从经济、社会、环境等多方面综合考虑，为区域经济与社会协调发展奠定理论与实践基础。在后疫情时期，缩小不平等、增强社会融合已成为当前我国经济发展面临的重大课题。要实现区域协同发展，必须更加重视贫困人口和社会边缘化，保证发展利益在社会中的合理分布。这既包括财政扶持，也包括教育、卫生、社会福利等方面的均衡发展。

1.3.3　职业教育相关理论与实践发展

（1）职业教育的概念

职业教育和培训是一种专门针对特定职业、工艺或职业群体设计的教育形式，旨在传授实用的技能和知识。职业教育不仅涉及传统的技术和工艺培训，还包括商业、服务业及新兴技术领域的教育。这种教育形式的核心特征是其与劳动力市场的紧密联系，强调通过实践技能的培养来实现理论知识与实际应用的有效结合。职业教育通常包括多种教学形式，如在职培训、学徒制、技术学院教育，以及针对成人的继续教育和职业培训课程。这些教学形式旨在为学习者提供必要的技能培训，以满足特定行业的需求。随着全球化和技术革新的加速，职业教育的范围和内容也在不断扩展和更新。现代职业教育不仅关注传统手工技能的培养，还包括数字技能、创新能力和跨文化沟通能力等更为广泛的技能培训。例如，随着数字化技术的普及，对于具备高级互联网技能和能够处理复杂机器学习工具的技术人员的需求显著增加。随着技术的不断进步，职业教育也越来越多地融入了终身学习的概念。这种趋势强调了在整个职业生涯中持续学习和适应新技能的重要性，以应对快速变化的工作环境和技术要求。终身学习不仅有助于个人的职业发展，也为企业提供了能够不断进步和适应未来市场需求的员工。

（2）全球职业教育的发展现状

职业教育在全球范围内的现状呈现出多样性和复杂性。在一些国家，如德国和瑞士，职业教育系统非常发达，与企业和行业的紧密合作为学生提供了丰富的实践机会和良好的就业前景。然而，在其他国家，职业教育可能面临着资源不足、社会认可度低和与劳动力市场需求脱节的问题。当前，职业教育面临的一个主要挑战是适应快速变化的技术和劳动力市场需求。随着数字化和自动化的发展，对技术熟练的劳动力的需求日益增加。

这要求职业教育系统不断更新课程内容，加强与行业的合作，以确保学生获得相关和高质量的技能培训。此外，职业教育还面临着提高其吸引力和认可度的挑战。在许多国家，职业教育被视为学术教育的次要选择，这影响了学生的参与度和社会对职业教育价值的认识。为了解决这一问题，一些国家正在采取措施提高职业教育的质量和声誉，如通过提供更多的学徒机会、增加与高等教育的衔接，以及强化职业教育的实践和理论结合。

(3) 职业教育面临的问题

职业教育面临的问题多种多样，包括从结构性挑战到具体实施层面的困难。首先，职业教育系统在不同国家的发展水平和质量存在显著差异。在一些国家，职业教育被视为低于学术教育的选择，这影响了其吸引力和效果。此外，职业教育与劳动力市场需求之间的脱节是一个普遍问题。许多职业教育课程未能及时更新，以反映行业的最新趋势和技能需求。资源分配不均也是职业教育面临的一个重要问题。在资源有限的情况下，职业院校往往难以提供高质量的教学设施和设备，这限制了学生的学习体验和技能发展。此外，教师的专业发展和培训也是职业教育质量的关键因素。然而，许多职业教育教师缺乏行业经验或在教学方法和技术应用等方面的培训。另一个问题是职业教育的社会认可度。在许多国家或地区的教育文化中，职业教育被视为不如学术教育的教育路径。这种观念不仅影响了学生的选择，也影响了雇主对职业教育毕业生的看法。为了提高职业教育的社会认可度，需要改变公众对职业教育的看法，并展示其在培养技能和促进就业等方面的价值。

(4) 职业教育的发展趋势

职业教育正在努力应对全球化和技术变革的挑战，一个显著的趋势是对数字技能和技术知识的重视。随着工业 4.0 和数字化转型的推进，职业教育正在适应这些变化，通过引入新的课程和教学方法来培养学生的数字素养和技术技能。另一个趋势是职业教育与高等教育之间的融合。越来越多的职业教育课程提供了通往高等教育的路径，使学生能够在完成职业教育后继续深造。这种融合有助于提高职业教育的社会认可度，并为学生提供更广泛的职业和学术发展机会。此外，职业教育正越来越多地采用灵活和个性化的学习方法，在线学习、混合学习模式和模块化课程设计使学生能够根据自己的需求和时间安排进行学习。这种灵活性对于适应不断变化的劳动力市场和满足成人学习者的需求至关重要。目前，职业教育正逐渐重视可持续发展和绿色技能的培养。随着全球对环境问题和可持续发展的关注日益增加，职业教育正在调整其课程和培训项目，以培养学生在可持续发展和绿色经济中所需的技能。

1.3.4　职业教育供给侧改革的理论与实践

在当前供给侧结构性改革的背景下，职业教育的作用和改革成为经济和社会发展中不可或缺的重要研究领域。职业教育供给侧改革的核心理念在于优化教育供给结构，提升教育系统的整体质量和效率，以更加有效地适应和满足日益变化的经济和社会发展需求。在职业教育领域，这一改革方向具体体现为对课程设置、教学方法和教育资源配置的深度调整和优化，旨在培养更加符合劳动力市场需求和行业发展趋势的技术技能人才。

在课程设置方面，供给侧改革要求职业院校更加注重市场和行业需求，定期对课程内容进行更新和调整，以保证教育内容的实用性和前瞻性。同时，教学方法的改革也尤为重要，职业教育需要通过更加灵活和创新的教学方式，如项目式学习、工作室、实习和模拟训练等，提高学生的实践技能和创新能力。此外，教育资源的合理分配和有效利用，尤其是在教师队伍建设、教学设施升级和技术支持等方面的投入，对于提高教育质量和满足学生需求至关重要。因此，职业教育供给侧改革不仅是对现有教育体系的优化和升级，更是对教育内容、教育方式和教育资源的全面革新，以适应经济社会发展的新趋势。这一改革将为培养高素质、高技能的劳动力提供有力支持，从而为区域协调发展和经济社会进步做出重要贡献。

国内外在职业教育供给侧改革方面的实践为我们提供了很好的方向性

指引。德国的双元制职业教育体系是国际上的典范，双元制强调工作场所学习与学校教育的紧密结合，有效提升了劳动力市场技能匹配度。这种通过将理论教学和实际工作经验相结合的教学模式，不仅提高了学生的职业技能，还有效促进了他们就业能力的养成。德国双元制模式的成功在于其高度的行业参与，以及教育体系与劳动力市场需求之间的紧密协调。在我国，职业教育供给侧改革同样强调不同主体的积极参与。近年来，我国在全面推进职业教育改革的过程中采取了多种措施，以期更好地适应区域经济的发展需求。这些措施包括加大对信息化教学技术的投资、强化校企合作、优化课程设置及提高教育教学质量等。特别是校企合作的强化，为职业院校的学生提供了更多实践机会，使教育内容更贴近市场需求，从而提高了教育的适应性和实用性。

上述实践案例表明，职业教育供给侧改革在培养符合劳动力市场需求的技术技能人才、推动区域经济发展等方面具有积极的促进作用。然而，这些改革也面临着如何保证教育质量、如何加强行业参与度，以及如何实现教育与劳动力市场需求更好对接等挑战。未来的职业教育供给侧改革需要在保证教育质量的同时，不断创新和适应经济社会的发展需求。

1.3.5 职业教育与区域经济发展的相互关系研究

(1) 职业教育与区域产业发展的耦合协调

国内部分学者从高职教育与区域产业发展的耦合协调开展研究。陈基纯的研究强调了高职教育专业设置与区域产业发展在广东省的耦合协调问题，研究发现，两大系统未达到良性共振状态，呈现区域产业滞后型特征，建议实施区域差异互补发展战略，构建高职院校专业动态调整机制。刘衎等专注于长三角高等职业教育一体化发展的内涵、现状与路径，他们指出了职业教育中存在资源配置不均衡和缺乏顶层设计等问题，并强调政府应加强引导作用，充分发挥市场配置教育资源的调节功能。唐军等在“双高计划”背景下，关注高职教育专业结构与区域产业结构的适配程度，研究发现在江苏省，第二产业相关专业布点占比过低，第三产业相关专业布点占比过高，建议扩大第二产业相关的专业布点数和招生人数，同时深化校企合作。

也有部分学者从地区特定的问题与策略展开研究。林海龙考察了“双高计划”背景下广东高等职业教育的发展，特别是服务于粤港澳大湾区和深圳中国特色社会主义先行示范区的挑战，提出了包括构建高水平高职教育体系，加强与产业的紧密结合等发展思路。陈春梅和王圣玮针对福州、厦门、泉州三地高职院校专业设置的现状和问题，特别强调了同质化和不适应产业结构发展需求等问题，并提出了明确专业设置的定位、完善专业动态调整机制等对策。在高等教育与产业结构耦合的经济效应方面，耿孟茹和田浩然通过实证分析探讨了高等教育与产业结构耦合协调度的经济效应，发现这种耦合协调度对经济增长具有显著的正向影响，他们建议提升耦合协调水平，重构产教融合环境。王珊则聚焦于高等教育与区域经济之间的耦合协调关系，以江西省为例，发现其耦合协调度处于初级协调阶段，并建议增加教育投入，优化高等教育结构。

一系列研究表明，职业教育不仅是区域经济发展的重要推动力，同时也是区域经济结构调整和产业升级的关键因素。陈基纯的《高职教育专业设置与区域产业耦合协调发展研究——以广东省为例》通过耦合协调模型分析，揭示了专业设置与产业发展之间的脱节问题，指出高职教育与区域产业发展之间存在显著的不同步现象。在广东省的案例中，高职教育呈现出产业滞后型特征，暴露了专业设置与区域产业需求之间的不匹配问题。耿孟茹和田浩然的《高等教育与产业结构耦合协调及其经济效应——基于省级面板数据和空间杜宾模型的实证分析》等研究则进一步实证分析了高职教育与区域经济之间的耦合关系及其对经济增长的积极影响，同时强调这种影响在不同地区表现出的异质性。这些研究反映了高职教育对于区域经济增长和产业结构优化的重要性，同时也指出了高职教育专业设置与区域产业需求之间的适应性问题。

以上研究共同体现了高职教育与区域产业发展之间的紧密联系与互

动，揭示了现阶段职业教育与产业需求之间的不匹配问题，并提出了多种策略和建议，如深化校企合作、优化专业结构调整机制、强化产教融合等，以促进高职教育专业设置与区域产业发展之间的协调与同步。这些研究为理解和推动高等职业教育与区域产业的协同发展，解决现实问题及优化资源配置提供了重要的理论和实践依据。

(2) 职业院校专业设置与区域产业的匹配

在职业院校专业设置与区域适应性的研究方面，蔡逸群等通过对合肥市经济新常态下产业发展、产业结构调整对人才需求的变化进行分析，根据本地区产业结构变化发展趋势，以徽商职业学院调整专业以求主动适应区域经济发展为例，对高职院校的专业设置提出相应的对策和建议。刘红等聚焦于江苏省高职教育专业设置与区域产业结构的协调发展，研究揭示了专业设置与产业需求之间的不匹配问题，并提出了优化专业结构、强化产教融合、提升专业教育质量的对策。杜宇虹探讨了湖北省高职教育专业设置与区域经济发展的耦合关系，指出了专业设置与区域经济需求之间的差距，并建议优化专业设置结构，提升教育服务区域经济的能力。

在区域特色与创新发展方面，余宏涛着眼于浙江省高职教育专业设置的区域特色和创新发展，强调了专业设置的区域特色和创新性，并建议进一步强化专业与区域产业的对接，促进专业创新发展。夏语曼从产教融合的角度分析了苏锡常都市圈经济发展与当地高职教育发展的特征，提出了二者在协同发展过程中存在的一些问题，并探索了在产教融合视域下加强二者协同发展的方法。申奎、宋美静等探讨了高职院校专业设置与区域产业发展的协同优化，研究发现部分高职院校专业设置未能有效适应区域产业发展需求，提出了构建长效机制、促进院校与区域产业的深度融合等对策。

在区域产业发展对高职教育的影响方面，牛彦飞、刘中华等分析了区域产业发展对高职教育专业设置的影响，发现区域产业发展对高职专业设置有显著影响，并建议加强区域产业与高职教育的对接，促进专业设置的合理化。吴婷婷等利用耦合分析方法来探析区域高职院校专业设置与产业结构的协调状态，通过两者的耦合度和协调度的具体测算，探究高等职业教育与产业行业的协调发展水平，并从明晰适应性内在机理、优化专业调整机制、深入推进产教融合、健全适应性评价机制等方面提升高等职业教育的社会适配度、契合度、融合度和联动度，进而提出增强高等职业教育适应性的具体策略。

（3）产教融合与区域产业的适应性

在产教融合与区域产业的适应性方面，张露颖等探讨了职业院校专业适应产业发展的困境，发现产教融合程度不足、专业设置与劳动力市场需求存在脱节等问题，建议深化校企合作，增强专业设置的市场导向和实用性。朱厚望从湖南省高职院校专业结构与产业结构的适应性着手，探寻了高职专业结构存在的问题及原因，以长沙航空职业技术学院专业结构调整为个案，提出了高职专业结构调整的对策。许朝山按照存在问题、分析问题、解决问题的思路，基于教育生态学中生态平衡理念，以教育生态多样性为出发点，对地方产业转型升级背景下高职院校专业设置及优化机制开展研究。卜树坡等提出，深化职业教育教学改革，必须以产教深度融合为主要着力点，针对目前苏州高职院校热门专业重复设置、新办专业盲目建设、部分专业已与产业发展需求明显不适应等问题，提出建立专业动态调整机制、严格新办专业准入制度、完善专业预警和退出机制等调整策略。王波等认为，随着我国高职院校的办学规模不断扩大和办学数量逐渐增加，高职院校专业建设和调整的重要性和独立性正在逐渐地显现出来，各高职院校的办学活力也在不断变强，也因此引发了个别高职院校随意增加专业的状况，对热门专业进行重复性的设置，甚至设置了一些明显不适合我国当前社会发展需求和人才需求的专业。为了避免以上这些情况的发生，高职院校应该积极建设专业预警和动态调整机制，并严格落实，这样才能确保我国各高职院校在后续的学科专业发展过程中获得更加健康稳定的可持续发展，符合产业结构调整和经济发展的人才需求。马丹提出，以区域产业结构引导高职院校专业设置和调整，能够实现区域经济与高职院校教育的高度融合发展。以区域经济产业发展为导向，能够为高职院校的专业教学和人才培养提供方向，引导高职院校在专业教学中更加强化专业的应用性，并以更加明确的区域经济发展要求构建有针对性的人才培养机制，实现高职院校专业设置和调整的建设价值。

(4) 职业教育一体化发展的政策建议

在职业教育的一体化发展方面，刘衎等人的《“十四五”时期长三角高等职业教育一体化发展的内涵、现状与路径》深入探讨了长三角区域高等职业教育的一体化进程。该研究界定了区域高等教育一体化的内涵，并分析了教育资源的空间配置特征与综合发展的区域差异，提出了实现更高质量的一体化发展路径选择。这表明，高职教育的一体化发展不仅涉及教育资源的优化配置，也关乎区域经济发展的整体协调。此外，伍佰军在《供给侧改革语境下高职院校专业设置与产业结构耦合协调研究——以云浮市为案例》中探讨了高职教育在供给侧改革背景下与区域产业结构的耦合协调关系，认为云浮市高职院校专业设置与区域产业结构耦合协调等级不高，提出了政府、学校、企业三方面的协调策略。这反映出高职教育在区域经济社会发展中的作用，强调了多方协同合作的必要性。曹梦婷和李德才的《高等职业教育与地方经济协同发展的困境及对策研究——以合肥地区为例》聚焦于高职教育在促进地方经济发展中所面临的挑战，并提出相应对策。该研究从专业设置与产业需求不匹配、人才培养与产业发展需求匹配度不佳等角度出发，提出了加强政策引领、深化校企合作等解决方案。这些研究均表明，高职教育的发展需要密切关注区域经济的实际需求，并在此基础上制定更为精准的教育政策和落实方案。

以上研究强调了高职教育专业设置与区域产业发展之间的密切关联，通过研究揭示了存在的问题，如产教融合的不足、专业结构调整与区域经济需求不匹配、区域产业变革对高职教育的影响等，并提出了多项策略和建议来解决这些问题，包括深化校企合作、优化专业结构、强化产教融合、加强对区域产业发展趋势的研究和动态调整专业设置等。这些研究为高职教育专业设置的决策者和教育研究者提供了宝贵的见解和指导，以应对区域经济发展的挑战和需求。

第 2 章　我国区域协调发展的现状分析

2.1　不同区域的经济发展存在明显差异

我国东西部地区在经济发展上的巨大差异体现了改革开放以来区域协调发展策略的成效与局限，同时也指明了未来区域协调发展策略需要关注的重点领域。这一差异的存在要求我国在促进区域协调发展方面采取更有针对性的措施，以实现经济的均衡增长和社会的全面稳定。通过对表 2-1、表 2-2、图 2-1 进行分析，可以了解和掌握我国不同区域的经济发展状况，明确不同地区间的经济差异和增长趋势。

表 2-1　我国各省份 2019—2022 年生产总值增长情况

所属区域	省份	生产总值（亿元）			
		2022 年	2021 年	2020 年	2019 年
东部	广东省	129513.6	124719.5	111151.6	107986.9
东部	江苏省	122089.3	117392.4	102807.7	98656.8
东部	山东省	87576.9	82875.2	72798.2	70540.5
东部	浙江省	78060.6	74040.8	64689.1	62462.0
中部	河南省	58220.1	58071.4	54259.4	53717.8
西部	四川省	56610.2	54088.0	48501.6	46363.8
中部	湖北省	52741.7	50091.2	43004.5	45429.0
东部	福建省	51765.1	49566.1	43608.6	42326.6
中部	湖南省	47558.6	45713.5	41542.6	39894.1

续表

所属区域	省份	生产总值（亿元）			
		2022 年	2021 年	2020 年	2019 年
东部	上海市	44809.1	43653.2	38963.3	37987.6
中部	安徽省	44607.7	42565.2	38061.5	36845.5
东部	河北省	41988.0	40397.1	36013.8	34978.6
东部	北京市	41540.9	41045.6	35943.3	35445.1
西部	陕西省	32838.2	30121.7	26014.1	25793.2
中部	江西省	31213.8	29827.8	25782.0	24667.3
东部	辽宁省	28826.1	27569.5	25011.4	24855.3
西部	重庆市	28576.1	28077.3	25041.4	23605.8
西部	云南省	28556.1	27161.6	24555.7	23223.8
西部	广西壮族自治区	26186.1	25209.1	22120.9	21237.1
中部	山西省	25583.9	22870.4	17835.6	16961.6
西部	内蒙古自治区	23388.9	21166.0	17258.0	17212.5
西部	贵州省	20010.4	19458.6	17860.4	16769.3
西部	新疆维吾尔自治区	18042.7	16311.6	13800.7	13597.1
东部	天津市	16132.2	15685.1	14008.0	14055.5
中部	黑龙江省	15831.5	14858.2	13633.4	13544.4
中部	吉林省	12818.1	13163.8	12256.0	11726.8
西部	甘肃省	11121.4	10225.5	8979.7	8718.3
东部	海南省	6889.6	6504.1	5566.2	5330.8
西部	宁夏回族自治区	5104.6	4588.2	3956.3	3748.5
西部	青海省	3623.3	3385.1	3009.8	2941.1
西部	西藏自治区	2150.2	2080.2	1902.7	1697.8

表 2-2　我国不同区域 2019—2022 年生产总值汇总情况

区域	各区域生产总值占比				各区域生产总值（亿元）			
	2022 年	2021 年	2020 年	2019 年	2022 年	2021 年	2020 年	2019 年
东部	54%	55%	55%	54%	649191.4	623448.6	550561.2	534625.7

续表

区域	各区域生产总值占比				各区域生产总值（亿元）			
	2022 年	2021 年	2020 年	2019 年	2022 年	2021 年	2020 年	2019 年
西部	21%	21%	21%	21%	256208.2	241872.9	213001.3	204908.3
中部	24%	24%	24%	25%	288575.4	277161.5	246375.0	242786.5

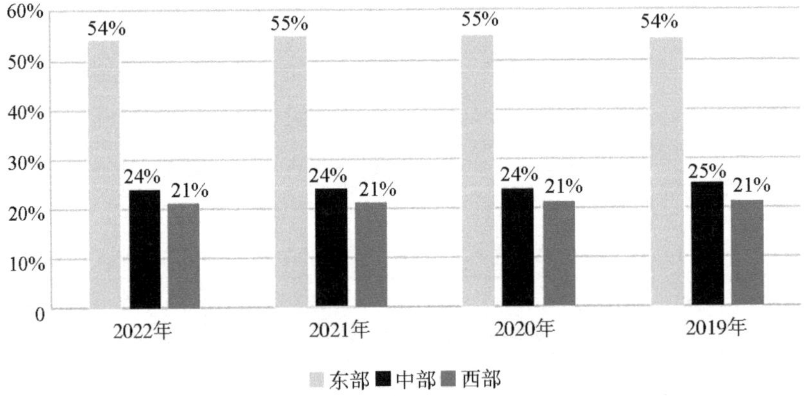

图 2-1　我国不同区域生产总值占比

东部地区，广东、江苏、山东、浙江等省份的经济总量稳居全国前列，反映出这些地区的经济活力和发展潜力巨大。特别是广东省，生产总值从 2019 年的 107986.9 亿元增长至 2022 年的 129513.6 亿元，显示出强劲的经济增长动力。江苏省同样展现出了显著的经济增长趋势，生产总值从 2019 年的 98656.8 亿元增长至 2022 年的 122089.3 亿元。这些省份的经济增长不仅得益于先进的工业基础和开放的经济环境，还源于其在创新驱动和产业升级等方面的持续努力。

中部地区，河南、湖北、湖南等省份在经济发展上同样取得了稳健的进步。河南省作为中部地区的经济重镇，生产总值从 2019 年的 53717.8 亿元增长至 2022 年的 58220.1 亿元。中部地区的经济增速虽然不及东部地区，但其发展潜力不容忽视，特别是在推动区域协调发展、促进产业转移升级等方面展现出积极的势头。

西部地区，四川、陕西、云南等省份近年来的经济发展同样引人注目。四川省作为西部地区的经济龙头，生产总值从 2019 年的 46363.8 亿元增长至 2022 年的 56610.2 亿元，体现了西部地区在推动经济增长、改善民生等方面的显著成就。西部地区虽然经济基础相对薄弱，但近年来通过实施西部大开发等国家战略，其经济实力和发展速度呈现出加速趋势。

总体而言，东部地区凭借发达的经济体系和优越的地理位置，继续在我国经济格局中占据领导地位。中部和西部地区虽然在经济总量上相对较低，但通过政策支持和区域协调发展战略的实施，均展现出了良好的增长态势。这三大区域的经济发展不仅反映了我国地区间的经济差异，更体现了我国经济高质量发展的整体趋势。从这些数据中我们可以观察到，虽然各区域在经济规模和增长速度上存在差异，但整体上却呈现出协同发展的良好态势，共同推动了我国经济的全面进步。

在我国的经济发展版图中，不同区域之间的经济差异已成为一幅鲜明的对比画卷。这种差异不仅在经济总量上有着明显的体现，而且在产业结构和城市化进程中更是表现得尤为突出。东南沿海及珠三角地区凭借其显著的地理优势、早期深入参与改革开放，以及已然成熟的工业基础，其经济发展水平和城市化程度显著高于中西部地区。具体来看，如广东、江苏等省份的经济总量（生产总值）和人均收入在全国范围内均长期占据领先地位。这些地区经济的蓬勃发展得益于其发达的制造业和服务业，以及高新技术产业的比重不断增长。以广东省为例，作为我国经济发展的重要支柱之一，广东不仅是改革开放的桥头堡，其城市群，如深圳、广州等在高科技产业、金融服务业和国际贸易等方面的表现，在全国乃至全球范围内都占据了重要地位。相比较而言，西部地区，如甘肃、贵州等省份在经济发展方面则相对滞后。这些地区的经济结构主要依赖于传统的农业和资源型产业。尽管近年来这些地区在基础设施建设和新兴产业发展等方面取得了一定的进展，但与东部地区的产业多元化程度和经济总量相比，仍有显著差距。例如，甘肃省尽管自然资源丰富，但由于地理位置较偏远、基础设施发展相对落后，其吸引外来投资和发展高科技产业的能力仍显不足。这种显著的区域经济发展差异不仅在经济层面造成了深刻影响，同时也在社会和文化层面引发了广泛的效应。东部地区的快速发展带动了人口密集和社会结构的迅速变化，而西部地区则面临人才外流和经济增长滞缓的问题。这种区域间的发展不平衡为我国的整体社会稳定和持续发展带来了重大的挑战。

通过对不同区域经济发展的比较和分析，不仅有助于深入理解我国的经济地理分布和发展动态，还为区域政策制定和经济规划提供了重要的决策参考。在此基础上，我们可以进一步探讨如何优化区域经济结构，实现区域经济的协调发展和全面振兴。

2.2 社会福利与基础设施方面的差异

目前，我国的社会福利和基础设施建设的地域性不均衡比较显著，这是造成东西部经济发展差异的关键因素之一。地域间的这种差异直接影响着居民的生活质量和区域发展的整体水平。具体来看，东部沿海地区由于其经济的快速发展和较充足的财政资源，能够为居民提供更优质和更高标准的社会福利和基础设施服务。其中，教育领域的差距尤为明显，东部地区汇聚了大量高质量的教育资源，包括许多著名的大学和专业技术学校。

根据《中国教育统计年鉴》的数据，我国东部地区的高等职业院校数量占到全国总数的近半数。在这些地区，北京和上海的高等职业院校在数量和质量上都位居全国前列，为当地及周边地区的经济发展提供了源源不断的人才支持。在我国高等教育资源的地区分布中我们可以看到，东部、中部、西部各有其特色。东部地区作为经济最发达的区域，其高等教育资源尤为集中。例如，江苏省、广东省和山东省的高校不仅数量众多，其招生规模也位居全国前列。东部地区的高等教育发展与其经济社会的整体进步紧密相关，其中本科教育尤为显著，占全国本科招生总数的42.08%，突显出该区域在教育质量和水平上的领先地位。然而，专科教育的招生比例略显不足，仅占 36.77%，这反映出东部地区对于教育层次结构调整的迫切需求。中部地区，如河南省、湖北省和湖南省等，在高等教育资源的配置上占有 31.49%的比例。尽管这些地区在经济发展水平上不及东部地区，但其高等教育资源的配置相对均衡，本科和专科教育的招生比例分别为 32.65%和 34.51%，显示出中部地区在推动教育均衡发展方面的努力。西部地区则显示出其独特的教育特色，高等职业院校的数量占比为 26.81%，其中四川省、陕西省和贵州省的高校在区域内具有显著影响力。尽管西部地区的本科教育招生比例最低，仅为 25.27%，但专科教育的比例达到了 28.72%，这不仅反映出西部地区高等教育的独到之处，也与该地区的产业结构和就业市场需求紧密相关，专科教育在推动地方经济发展和满足人才市场的需求中发挥着关键作用。

通过以上分析可知，东部地区由于其所具备的经济优势，拥有丰富的高等教育资源，其中本科以上层次的教育尤为发达；中部地区则实现了高等教育资源的较均衡配置，同时也注重本科与专科教育的发展；西部地区尽管整体教育资源较为有限，却在专科教育方面占有较高比例，以适应当地经济和社会的发展需求。这些区域间的差异源于各自的经济发展水平、产业布局和教育政策取向。因此，在未来制定高等教育战略时，应增强区域间的协作和资源平衡，以确保教育资源的有效分配，并推动全国高等教育质量的整体提升。

表 2-3　我国各省份普通高等学校数量及招生人数情况

所属区域	省份	普通高等学校数量（所）	普通高等学校招生人数（万人）	普通高等学校本科招生人数（万人）	普通高等学校专科招生人数（万人）
东部	江苏省	168	60.99	30.01	30.63
东部	广东省	161	71.57	31.09	39.94
中部	河南省	156	80.04	31.52	48.18

续表

所属区域	省份	普通高等学校数量（所）	普通高等学校招生人数（万人）	普通高等学校本科招生人数（万人）	普通高等学校专科招生人数（万人）
东部	山东省	153	70.04	28.01	41.27
西部	四川省	134	60.61	26.21	34.15
中部	湖北省	130	49.78	23.71	26.07
中部	湖南省	130	51.57	22.48	28.97
东部	河北省	124	50.22	22.91	26.64
中部	安徽省	121	40.22	18.19	22.03
东部	辽宁省	114	29.50	18.10	11.26
东部	浙江省	109	32.54	16.76	15.35
中部	江西省	106	44.06	17.27	26.09
西部	陕西省	97	33.14	18.14	14.62
东部	北京市	92	16.26	14.00	2.26
东部	福建省	89	30.00	13.74	16.00
西部	广西壮族自治区	85	41.78	14.62	26.54
中部	山西省	82	26.87	12.49	13.78
西部	云南省	82	28.71	12.36	16.34
中部	黑龙江省	78	25.73	14.17	11.57
西部	贵州省	75	26.13	8.99	16.84
西部	重庆市	70	29.55	12.27	16.94
中部	吉林省	66	22.27	12.95	9.32
东部	上海市	64	14.04	10.04	3.86
东部	天津市	56	16.14	9.15	6.99
西部	新疆维吾尔自治区	55	17.69	7.22	10.34
西部	内蒙古自治区	54	14.58	6.44	8.14
西部	甘肃省	49	15.02	7.55	7.12
东部	海南省	21	7.28	3.08	3.96
西部	宁夏回族自治区	20	4.63	2.53	2.10
西部	青海省	12	2.41	1.23	1.19
西部	西藏自治区	7	1.17	0.70	0.47

表 2-4　我国不同区域普通高等学校数量及招生人数占比统计

区域	普通高等学校数量占比	普通高等学校招生人数占比	普通高等学校本科招生人数占比	普通高等学校专科招生人数占比
东部	41.70%	39.29%	42.08%	36.77%
西部	26.81%	27.15%	25.27%	28.72%
中部	31.49%	33.57%	32.65%	34.51%

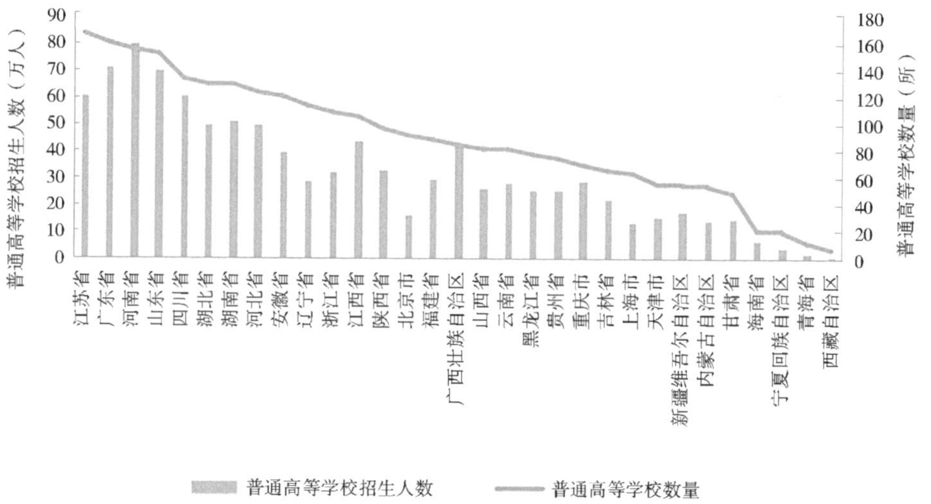

图 2-2　我国各省份普通高等学校数量及招生人数情况

在医疗资源配置方面，东部地区明显占据优势。根据《中国卫生统计年鉴》的数据，我国东部地区的三甲医院占全国总数的 40%以上，这些医院配备了先进的医疗设备并提供高标准的医疗服务。例如，广州和深圳的医疗资源尤为丰富，确保居民能接受优质的医疗照顾。与此同时，北京和上海等一线城市的医疗床位主要集中于城市的中心区域，这不仅反映了大都市对高质量医疗服务的强烈需求，也体现出医疗资源向城市核心集聚的趋势。相对而言，人口数量较多的省份，如河南省和山东省，其城乡间的医疗床位分配较为均衡，既体现了这些地区在平衡医疗资源方面的努力，

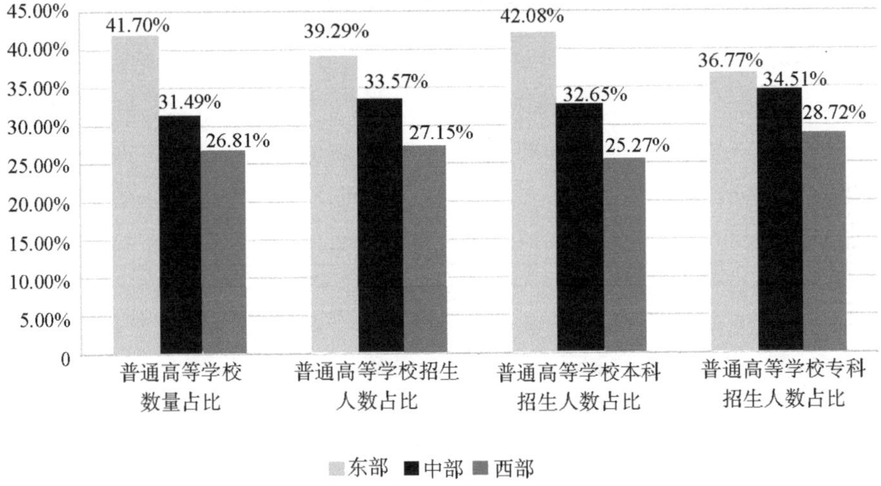

图 2-3 我国不同区域普通高等学校数量及招生人数占比情况

也反映了对农村地区医疗需求的充分重视。

在区域分布上，东部沿海的经济发达地区，如江苏省和浙江省，其医疗床位的数量显著高于西部地区，如青海省和宁夏回族自治区。这一现象凸显了我国医疗资源分布的地区不均衡性，不仅与各地区的经济发展水平密切相关，还受到人口集中度、地理环境和区域协调发展策略的多重影响。深入探讨城乡间的医疗资源差异，如内蒙古自治区，城市区域的医疗床位密度远超过农村区域，这种差异不仅反映了资源的数量问题，也深刻揭示了人口密度、经济水平及医疗资源配置政策的影响。

对医疗资源在城乡间的分布比例进行分析，发现河南、山东等省份在城乡医疗资源的分配上相对均衡，这有助于实现医疗服务的全面覆盖。而在直辖市，如北京和上海，其医疗资源的城市集中性更显著，这不仅受到地理和经济条件的影响，也与这些地区对医疗服务的高度集中需求相关。农村医疗资源的分析表明，西藏自治区的农村医疗床位相对较少，而广东省的农村医疗床位较多，显示出地区间在医疗资源配置上的显著差异，这些差异可能源自各地区不同的政策导向和发展规划。西部地区在教育资源和医疗设施等方面的投入相对落后，尤其是在偏远的乡村地区，高质量的教育和医疗资源极为稀缺，相关学校和医疗机构的数量及质量明显落后于东部地区。医疗机构则主要集中在大城市，偏远地区的医疗服务水平和可达性较低。通过分析我国医疗资源配置的现状，我们不仅能了解到各地区医疗资源分布的特点和存在的问题，还能为改善和优化资源配置提供策略性的思考。未来的相关研究应进一步关注医疗资源配置的效率和公平性，探索提升医疗服务质量和资源利用效率的策略，以促进全社会的健康发展和可持续进步，这对于推动医疗资源的有效利用和确保医疗服务公平具有重要的理论和实践意义。

尽管西部地区在基础设施建设方面近年来有所改善，但与东部地区相比，其在交通网络和通信技术等方面仍然存在显著差距。东部地区的基础设施建设具有明显优势，尤其在交通和通信网络的发展上远超西部地区。例如，东部地区的高速公路总里程约占全国的一半，充分体现了其在交通基础设施方面的强大实力。此外，东部地区的信息通信技术发展水平也位于全国前列，这不仅推动了地区经济的快速增长，还增强了其在全球经济竞争中的地位。东部地区交通基础设施的高度发达，如完善的高速公路、铁路和航空网络，极大地便利了经济活动和人口流动，加速了区域经济的整合和市场的扩张。同时，先进的信息通信技术支撑了该地区的产业升级和创新能力的提升，使东部地区在高科技产业、金融服务、国际贸易等领域享有明显优势。反观西部地区，尽管基础设施建设有所发展，但在交通网络的覆盖范围和信息通信技术的发展水平等方面，与东部地区相比还存在较大差距。这种差距限制了西部地区的经济发展潜力和外部联系，影响了其在国内外市场的竞争力。因此，为了缩小东西部地区在基础设施方面的差距，加强西部地区的交通和通信设施建设显得尤为重要，这将有助于提升其经济整体竞争力和促进区域经济的均衡发展。

表 2-5 我国各省份医疗机构的诊疗情况

所属区域	省份	医疗机构诊疗人次(亿次)	医疗机构门急诊诊疗人次(亿次)	医疗机构观察室留观病例数(万人)	医疗机构门诊健康检查人数(万人)
东部	广东省	8.06	7.78	317.37	6372.11
东部	浙江省	6.95	6.69	116.18	3639.69
东部	山东省	6.67	6.20	259.74	3232.42
中部	河南省	6.14	5.83	148.09	2920.52
东部	江苏省	5.61	5.45	100.05	3818.27
西部	四川省	5.49	5.17	210.88	3237.13
东部	河北省	3.87	3.60	95.58	1692.76
中部	安徽省	3.70	3.43	77.62	2140.34
中部	湖南省	3.44	3.11	331.01	2199.05
中部	湖北省	3.43	3.23	183.55	2181.72
西部	云南省	3.10	3.03	317.14	1421.44
西部	广西壮族自治区	2.63	2.54	75.13	1845.43
东部	福建省	2.62	2.47	47.02	1608.84
中部	江西省	2.33	2.23	107.94	1463.83
东部	上海市	2.26	2.22	9.25	1243.71
东部	北京市	2.20	2.19	121.68	905.20
西部	重庆市	1.97	1.89	159.74	985.10
西部	贵州省	1.92	1.88	115.36	1170.30
西部	陕西省	1.81	1.77	23.30	1094.62
东部	辽宁省	1.58	1.44	131.66	1038.47
中部	山西省	1.27	1.17	41.64	995.14
西部	甘肃省	1.01	0.95	74.78	736.23
东部	天津市	1.00	0.95	110.82	485.32
西部	内蒙古自治区	0.99	0.90	36.32	670.48
西部	新疆维吾尔自治区	0.96	0.87	53.67	1102.29
中部	黑龙江省	0.95	0.86	28.05	650.93
中部	吉林省	0.91	0.77	40.90	543.95

续表

所属区域	省份	医疗机构诊疗人次（亿次）	医疗机构门急诊诊疗人次（亿次）	医疗机构观察室留观病例数（万人）	医疗机构门诊健康检查人数（万人）
东部	海南省	0.50	0.47	11.81	282.79
西部	宁夏回族自治区	0.41	0.39	38.00	252.04
西部	青海省	0.24	0.22	20.56	173.86
西部	西藏自治区	0.14	0.12	6.29	164.07

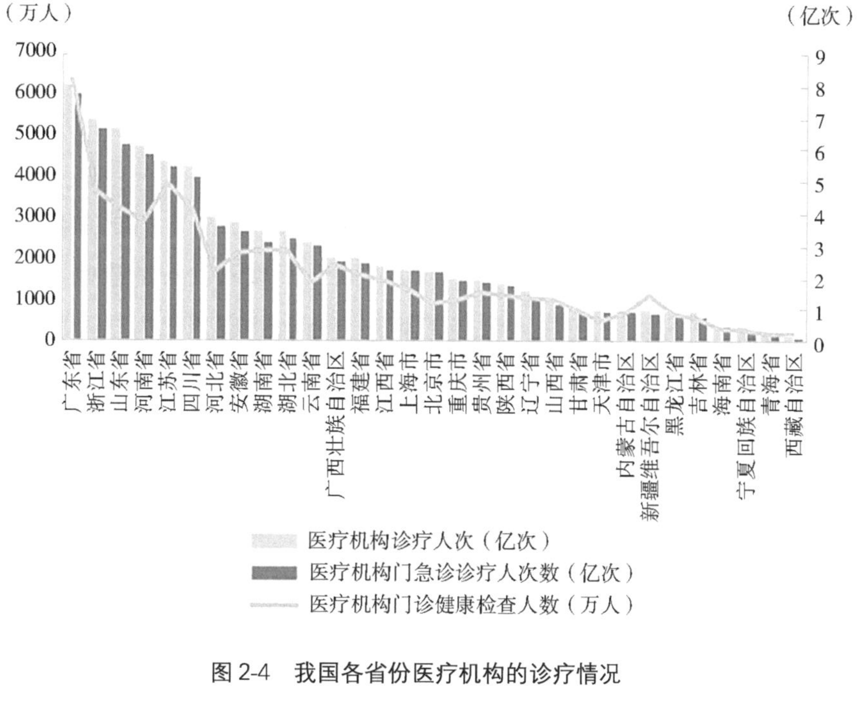

图 2-4 我国各省份医疗机构的诊疗情况

由以上图表可知，不同区域在社会福利和基础设施方面的差异显著，尤其是东部和西部地区之间的不平衡，对西部地区的经济和社会发展构成了显著制约，并进一步加剧了我国地域发展的不均衡。为了缩小这种差距，国家政策的支持和财政资金的投入成为关键因素，特别是在教育、医疗及其他公共服务领域，以及基础设施建设和更新方面。例如，国家实施的西部大开发战略中包含了一系列旨在提升西部地区教育和医疗服务水平的措施，如加强学校设施建设和改进、提高医疗服务投入等。这些综合性政策措施不仅可以有效促进西部地区的整体发展，改善当地居民的生活状况，而且对于实现我国区域协调发展的战略目标也具有重要的促进作用，为国家的长期均衡发展奠定了坚实的基础。

2.3 不同区域经济发展的人才需求特征

(1) 东部地区

东部地区主要包括北京、上海、天津、广东、江苏、浙江、山东、河北、福建等省份，构成了我国经济最为活跃的地带。这些地区的产业布局主要集中在制造业、信息产业、金融服务业及文化创意产业。其中，沿海的广东、江苏和浙江等省份侧重于加工贸易和出口业务。山东省表现出工业的多样性和产品种类的广泛性。河北省则以钢铁和设备制造业为主。福建省着力发展电子、信息技术和轻工业。上海和北京则成为金融服务、技术创新和高端服务业的聚集中心。辽宁省和天津市聚焦设备制造业和服务业的发展，而海南省则依赖于旅游业作为经济支柱。在人才需求方面，制造业、电子信息技术、金融、文化创意及科研开发等领域对专业人才的需求日益增长。因此，地方政府和企业高度重视人才的引进和培养，同时积极推动国际人才交流和跨国合作，以促进区域经济的全面发展，现将各地的情况归纳如下。

广东省是我国具有较强经济实力的省份，具有较强的工业集聚性和显著的工业特色。广东省不仅是我国，同时也是世界上最主要的工业生产基地，该省是以服务业、高科技为主的重点发展地区。广东省的经济特点是将传统的制造业优势和新兴工业的迅速兴起有机结合起来，达到了一种动态平衡。这种平衡不仅带来了大量的工作岗位，还引入了各种类型的优秀人才。如今，广东省已建立起了一个覆盖制造业、服务业和高科技的人力资源开发系统。当前，广东省的数字经济迅速发展，产业结构也在向深层次转变，大力推进区域经济结构调整和提升，将为全省高质量发展打下良好的基础。这个发展战略不但增强了广东省工业的整体竞争力，同时也推动了全省的经济发展，使其继续保持在国内经济发展的主导地位。

江苏省是华东地区重要的生产基地，具有较强的工业基础。该省的产业特色是制造水平较高，特别是电子信息产业、汽车产业、石油化工产业等方向比较突出。这样的产业结构使江苏省在劳动力市场上创造了很多工作岗位，也使许多高技术人员向江苏省集聚。从产业结构来看，江苏省的产业结构主要以制造业为主，而高技术人员的高度集聚又促进了其产业结构的优化与发展。面对世界经济环境的变迁，江苏省正致力于由传统制造转向高科技制造与服务，并以此为契机进行科技创新与产业结构调整，以顺应当前发展的新形势。

浙江省的产业体系适应性较强，具有相当雄厚自主研发实力，也是华东地区重要的工业生产基地。该省具有悠久的商贸历史，诞生了一批规模较大、实力卓越的私营企业。浙江省的产业结构以制造业和高科技产业为主，特别是在轻工业、电子信息、生物制药等行业具有很强的竞争能力，因此浙江省既具备传统的制造业，又具有较强的技术创新能力。如今，浙江省正在不断提高自身的综合实力，加速科技进步，加快工业转型，不断增强自身的综合实力。

北京市是我国的首都，是集经济、社会、科技、服务于一体的现代化大都市，主要经济特征是科技创新实力雄厚、服务产业集中，特别是在信息技术、生物制药、金融服务等方面有着显著的优势。上述行业的发展为北京市提供了众多的工作岗位，同时也为其带来了众多的高层次、高素质的职业技能人才。从就业人员特点来看，北京市在政治、文化、高端服务业和科技创新型人才等方面已经形成了一支高质量且多元化的人才队伍。在新的发展阶段，北京市还将继续加大在科技、服务等方面的投入，使其在全国和世界范围内具有更大的竞争优势和影响力。

上海市是我国重要的金融中心城市，也是一个以开放、包容而闻名的城市，主要经济特征是金融服务业、贸易物流、高科技产业实力较强，尤其是在金融创新与资讯科技的运用方面一直走在世界前列。从就业人员特点来看，上海市的高层次人力资源非常密集，尤其在金融、商贸和信息技术等行业，吸引了大批来自世界各地的优秀人才。为了巩固作为国际经济、金融、商贸和航运中心的优势地位，上海市正在持续推进其服务业和高科技工业的发展。

天津市是我国北部的重要口岸城市，其工业、物流产业发展较快。一直以来，天津市以其独特的区位条件，已逐渐发展成为一个全球商贸与物流枢纽的中心城市。在制造业方面，特别是在装备制造、汽车制造等行业，天津市在全国乃至全球已具备一定的竞争实力。从就业人员特点来看，天津市对人力资源的需求主要以港口物流及制造行业为主，对技能、操作类人才的需求量较大。随着天津市工业结构的不断调整，以及制造业的转型升级，在今后的发展中，天津市将会取得新的突破，其人才发展战略将对促进区域经济的和谐发展具有重要意义。

河北省与北京市、天津市相邻，具有得天独厚的区位条件，同时河北省也是我国的重点制造业生产基地，特别是在钢材工业和建筑材料工业方面，在国内处于领先位置。河北省近几年大力进行了工业结构的优化与升级，其新能源、新材料等高科技行业相继进入了高速发展时期。从就业人员特点来看，河北省的劳动市场不仅存在着对传统行业技能人才的需求，还存在着对新兴行业技能人才的需求。河北省正在积极推进工业结构的转型升级与创新驱动的协调发展，为实现全省经济的平衡发展做出积极贡献。

福建省地处我国的东南海岸，是一个极富生机的省份，其地缘政治、人文资源十分丰富。福建省在集成电路、软件开发、光电技术等方面已经具备了相当的集聚能力，具有较强的技术实力。另外，福建省依靠自身的优势，在海上经济方面也取得了一定的成绩。从就业人员特点来看，福建省的劳动力市场需求多元化，对电子信息、机械制造等行业的技术创新人才有很大的需求，而新兴行业对高技术人才，以及与海洋经济有关的专业人才的要求也越来越高。福建省目前正努力提高工业发展的素质与效率，同时加大优秀人才的培养力度。

山东省是我国主要的经济大省，工业结构多样，经济力量雄厚，其经济特色是综合能力较强，工业门类较多，特别是农业、制造业和海洋经济比较突出。山东省在过去几年里大力推进了新老动力的转变，高科技工业、现代服务业都得到了较快地发展，成为拉动全省经济发展的重要力量。从就业人员特点来看，山东省对现代服务业、高端制造业的人才有较大的需求，这也反映出该省产业发展水平和经济发展水平的进一步提高。目前，山东省通过增加教学、培训等方面的投资，推动产学结合，培养并引入了一批高质量的职业技术人员，为当地工业的发展做出了贡献。

辽宁省作为我国东北老工业基地，主要经济特征是在装备制造、船舶重工、石油化工等方面有着较强的竞争力。辽宁省近几年来不断地进行工业结构的调整与优化，高科技工业与服务行业呈现出蓬勃发展的态势。从就业人员特点来看，辽宁省在发展过程中不仅存在着对传统行业技能人才的需求，而且对新兴行业、服务行业等领域的技能要求也逐步提高。辽宁省正在实施以创新驱动为核心的产业结构调整战略，努力实现全省经济的全面复兴与地区的和谐发展。

海南省地处我国的南方，是我国最大的经济特区，那里气候适宜，岛屿风景秀丽。近年来，海南省在重点发展旅游业的同时，其高科技行业和其他服务业也发展迅速。海南省将致力于打造世界一流的旅游目的地，以吸引来自世界各地的游客。从就业人员特点来看，目前海南省对旅游业及服务行业相关的专业人才需求较大，而对高科技行业的专业人员也提出了更高的要求。与此同时，海南省正致力于打造更加开放的教育环境，吸引和培养更多高素质人才。

（2）中部地区

中部地区主要包括湖南、湖北、江西、河南、山西、安徽、黑龙江、吉林等省份，这些省份的经济呈现多元化特征。湖南省以工业、农业、服务业为主，装备制造业、农产品加工、旅游等是该省的优势行业，因此需要大量的熟练劳动力和经营管理人员。制造业一直是湖北省的支柱产业，经过多年的发展，已形成以汽车、电子信息、生物制药等行业为特色的产业集群，因此急需大量的高层次科技人才。江西省是一个以工业、农业为主的经济大省，电力、有色金属、化工等产业的发展比较成熟，需要较多的专业人员和管理人员。河南省是一个传统的工业大省，近年来钢铁、机械、粮食加工等产业发展迅速，急需大量的科技人才和高素质的农民。山西省是一个以煤炭、化工和冶金为主要产业的省份，需要大量的科技和能源方面的专业人才。安徽省的汽车制造、电子信息、生物制药等行业近年来发展迅速，需要大量的专业技术人员和管理人员。黑龙江省是一个以农业和能源为主要行业的省份，其农产品加工、能源开发等行业增长迅速，需要大量的专业技术人员和资源管理人员。吉林省是一个以农业和制造业为主的省份，汽车制造业、机械制造业、粮食加工业等产业都有较好的发展前景，因此急需大量高素质的技术人员和农民。整体来看，我国中部地区对技术、农业、资源管理等方面的人才有较大的需求，现将各地的情况归纳如下。

湖北省地处我国中部，人文底蕴深厚，区位条件优越，主要经济特征是具有较强的制造、高科技等工业基础，尤其是在汽车工业方面，湖北省已经是全国最大的汽车工业基地。此外，湖北省还大力发展电子信息、生物制药等高科技工业，以促进全省经济全面发展。从就业人员特点来看，无论是在汽车生产制造方面，还是在高科技行业方面，湖北省对科研、开发、管理等方面的人才都有较大的需求。目前，湖北省通过与高等院校、研究所等单位开展协作，培养出了一大批符合新兴行业发展需求的具有创新能力的人才。

湖南省地处华中地区，物产丰饶，人文底蕴深厚。产业特色方面，湖南省在立足于农业大省的前提下，大力发展农业和服务性产业，并且在食品加工、电子信息产业等方面具有很好的发展前景。从就业人员特点来看，湖南省在现代农业、服务业和制造业等方面对高级技能人才存在较大的需求。为了适应当地工业的发展，湖南省正在大力发展职业教育，推行职教改革，加大职业技术人员的培训力度。

安徽省是一个经济结构多元化的省份，该省在制造业和农业方面都颇有特色，特别是在家用电器、纺织等领域拥有明显的竞争力。近年来，安徽省在新能源汽车、智能家居等方面也有了长足的进步，并大力发展了新兴服务业和高科技行业。目前，安徽省正积极推进工业结构调整和科技改造，着力提高自身在国内和世界范围内的综合实力。从安徽省的就业特点来看，安徽省的劳动力市场存在较大的发展空间，对家用电器和纺织业等方面的人才需求较大。

吉林省地处我国的东北部，其汽车制造业和食品加工行业的发展较为成熟，已经成为两大主导行业。近年来，吉林省努力实现工业多样化，大力发展生物制药和新材料等高科技工业，促进了工业的转型。从就业人员特点来看，吉林省在产业化过程中急需高素质的科技人员，而新兴行业的兴起又使其对研究开发与创新人才有了更多的要求。吉林省正在通过培养、引入高质量的人力资源，推动其经济结构的转变与优化。

黑龙江省地处我国的最北部，幅员辽阔，物产丰饶，主要经济特征是以传统的农业为主，并大力发展装备制造、农产品精深加工，尤其是在食品加工领域具有得天独厚的优势。目前，黑龙江省积极开展了以地域、人文为依托的旅游资源的综合开发，计划逐步打造旅游强省。从就业人员特点来看，黑龙江省的劳动力市场不仅对传统的农产品加工行业的技能人员有较高的要求，而且对旅游业、现代制造等行业人才的要求也在逐步提高。黑龙江省正在努力通过调整工业结构，并在此过程中大力倡导绿色发展，力求在发展的同时保持当地良好的生态环境。

山西省是我国重要的能源重化工基地，该省以丰富的煤炭资源为基础，大力发展能源和化学工业，并进行了多种形式的多元化探索。从就业人员特点来看，山西省急需一批具有丰富能源矿业专业知识的专业人员，从而支撑地方优势工业的发展。伴随着新能源、新材料等行业的崛起，为满足全省经济结构调整和产业升级的要求，山西省对新兴行业特殊技能人才的需求不断增加。

江西省虽是一个以农业为主导的大省，但近年来该省的新能源、电子信息、食品加工等新兴行业得到了快速的发展，已成为新的拉动力量。从经济特征来看，江西省充分发挥自身的天然条件和地缘优势，大力发展绿色经济、循环经济，特别是新能源汽车、光伏发电等行业具有很大的发展前景。从就业人员特点来看，江西省对新能源和食品加工技术方面的专业技术人员有较大的需求。江西省目前正大力发展职业教育，综合运用教学改革、产学结合等方式，为全省新型工业的发展提供全面的技术支持。

河南省地处我国的中部，是一个人口大省，具有扎实的工农业基础，是我国的主要粮食生产地和轻工业品的生产中心。河南省具有较强的农业生产能力，丰富的人文和旅游资源，同时大力发展高科技，促进了制造业与服务业的升级。从就业人员特点来看，河南省具有广阔的劳动力市场，对农业、轻工业等行业的人才需求较为平稳，而随着新兴经济的发展，该省对科技、服务业等方面专业人员的要求在逐步提高。河南省正着力推进职业教育办学质量的改善，在政策上鼓励人才的有序流动，促进全省经济的高质量发展。

（3）西部地区

西部地区主要包括四川、内蒙古、广西、云南、西藏、重庆、贵州等省份，这些地区的经济特征比较复杂，涵盖农业、能源、旅游等。四川省以种植业为主，内蒙古自治区和山西省以煤炭、能源为主，广西壮族自治区和云南省以旅游业为主，西藏自治区以生态观光、特色农产品生产为主，重庆市、贵州省以制造业和服务业为主。从人才的需求来看，在农业、能源、旅游规划与管理、生态环保和特色农产品市场等领域需求量较大。与此同时，伴随着产业与服务的不断发展，西部地区还急需以工程技术人才、信息技术人才、金融人才、管理人才为主体的多元化人才，以支持当地经济的转型升级。当地政府与企业也越来越注重对人力资源的开发与利用，加强对高层次人才的吸引与培养，从而促进西部地区持续、健康发展，现将各地的情况归纳如下。

四川省是我国的西部大省，其服务业在人才需求方面日趋紧迫。四川省的经济特色是服务业潜力巨大，特别是旅游业、金融服务业、现代物流业等方面表现出较强的活力。这不仅推动了四川省的经济向多样化方向发展，也给当地的人才市场提供了一个全新的发展机会。从就业人员特点来看，四川省的服务业发展迅速，重点对教育、健康等方面的专业人才有较大的需求。四川省正在以服务业为主导，加快工业结构的转型升级，提高人民的生活品质，促进地区经济平衡发展。

内蒙古自治区区位条件优越，自然资源丰厚，经济发展以资源型产业为主，煤炭、稀土等矿产资源的开采与利用是其支柱产业，同时还大力发展现代农牧业和新能源行业。从就业人员特点来看，内蒙古自治区对矿物开采和加工行业的科技人员，以及农业、畜牧业等方面的专业人员的需求较大。内蒙古自治区正在通过优化产业结构和推进绿色发展，促进经济的持续健康发展和社会稳定。

广西壮族自治区以其独特的人文景观和丰富的旅游资源而著称。在经济特色方面，广西壮族自治区依靠特有的自然、人文条件，大力发展旅游，同时积极发展新能源经济，力求经济的多元化。从就业人员特点来看，广西壮族自治区在旅游和农业科技等方面的人员需求较大。广西壮族自治区正积极推进人力资源的优化配置，不断加大人力资本的投入，从而促进地方经济的快速发展。

重庆市地处我国西南，是我国重要的中心城市，区位优势明显，资源特性鲜明。重庆市是我国西部地区的一个主要经济中心，以制造业和服务业并举为主要经济特征。重庆市在最近几年大力发展电子信息产业、汽车产业和物流产业，努力在金融服务业和智能工业等方面取得新的进展。从就业人员特点来看，重庆市对生产和服务类的专业人才需求较大，特别是科技研发和营销方面的人才需求较为紧迫。通过强化教育培训和产学研合作，重庆市正致力于培养适应新经济形态需求的复合型人才。

贵州省位于我国西南部，其大数据产业发展迅速，目前在全球已具备一定的影响力。在经济特色方面，贵州省正在以大数据产业为依托，以大数据为载体，通过大数据产业推动该省经济结构的转变和产业升级。贵州省独特的山水景观、丰厚的人文底蕴带动了当地经济的发展，成为该省一个重要的经济增长点。从就业人员特点来看，贵州省对大数据分析、云计算和软件开发等方面专业人员的需求不断增加，对旅游业的经营和服务方面的专业人员也存在迫切需求。贵州省正努力建设符合现代产业发展要求的职业技术人才队伍，并从教学、技术等方面进行了积极探索。

云南省地处我国的西南边疆，自然条件优越，人文资源丰厚，主要经济特征是以农业为主，同时积极发展旅游与边境贸易。云南省正在致力于把丰富的生态文化资源转变成经济发展的优势，大力发展生态旅游和文化旅游，以此带动当地的经济发展。从就业人员特点来看，云南省对旅游业和农业科技人员的需求较大。近年来，云南省大力发展职业教育，努力为促进当地旅游与现代农业的发展培养高素质人才。

西藏自治区地处青藏高原的西南边陲，是一个以农业、畜牧业、旅游为主的地区，也是我国重要的少数民族地区。西藏自治区以其特有的山水风光、丰厚的人文底蕴开发了生态、人文旅游资源，形成了经济发展特色，同时还大力开发清洁能源产业和特色农牧业，从而促进经济的可持续发展。从就业人员特点来看，西藏自治区需要较多的旅游业从业人员，同时还需要大量的矿业科技人员。目前，西藏自治区通过加大学历培养和技术培训力度，努力为当地的经济和社会发展提供高素质的职业技能人才。

（4）不同区域的差异比较分析

由于地域环境和发展阶段的不同，我国的东部、中部、西部地区呈现出明显的行业特点，同时也体现出鲜明的地域特色和独特的发展比较优势。东部地区以高科技制造业、金融服务业和互联网服务业为主，是我国经济发展最前沿的地区。随着高新技术的不断发展，东部地区在技术革新、外贸等方面具有明显的竞争优势。中部地区虽然具有坚实的工业基础和丰富的农业资源，但近年来随着产业结构的不断变化，以及技术创新的不断深入，已经逐步转向高新技术和服务业，因此对于工程技术和管理方面人才的需求越来越大。西部地区的经济发展基础相对比较薄弱，但是凭借丰富的自然资源和特有的人文底蕴，西部地区正在逐渐成为一个以旅游、清洁能源和农产品精深加工为支柱产业的特殊发展区域。为了促进区域经济的发展，我国目前正在大力发展职业教育，加大旅游管理、新能源及高新技术等领域的各类专业人才的培养。总体而言，为了顺应国内外的新形势，我国的各个区域都在努力实现经济结构的优化与提升。

在宏观层面上，我们提出发挥不同区域的相对优势、实现区域协调发展的策略。东部地区要保持在高端制造业和现代服务业方面的主导地位，中部地区要加快工业转型，而西部地区需要通过创新驱动与资源优势转换来提升自身的增长动能。与此同时，各区域要加大各类人才的培养与引入制度的创新，针对本区域的特点和发展需求，制订更加准确的人才培养计划，加强与行业发展的联系，从而激活新的经济发展动力，推动社会的整体发展。在此过程中，需要配合国家的引导和支持、企业的主动参与、教育体系的快速反应，只有这样才能真正发挥人力资源对促进各区域高水平发展的决定性作用。

2.4　导致区域发展差异的原因分析

（1）政策差异

改革开放后，受国家宏观政策的影响，我国不同地区的区域发展战略有所不同，因此深刻地影响了我国经济发展的总体格局。部分地区在国家政策的支持下率先发展，很快确立了领先地位。这些地区通过改善营商环境，加大外商投资力度和科技创新力度，在发展的过程中打下了良好的基础。尤其是东南沿海省份，如广东、浙江、江苏等省份，它们充分发挥自身的区位条件优势和资源禀赋优势，率先走在我国改革开放的前列。可以看到，东部沿海经济发达区域不但受到国家政策的支持，还有大量外来资金的涌入，有效推动了当地经济的迅速发展。在生产、出口贸易等领域，东部各省表现出强劲的发展势头，在科技创新、人力资源聚集等领域也显示出强大的优势。例如，深圳经济特区不但在招商引资上做出了突出的成绩，而且在科技创新等方面也走在全国前列，因此成为我国科技创新和高科技工业的重要枢纽。从某种意义上说，我国地区经济发展的不均衡是我国经济社会发展的重大问题，我们要正确面对，在今后制定经济发展战略时必须重视地区之间的平衡和协调，从系统的角度推动我国经济和社会的总体发展。我们要实施精准帮扶政策，逐渐缩小区域间的发展差距，最终实现全国统筹协调发展的战略目标。

与东部地区经济的高速发展相比，中西部地区的发展速度差距明显。究其原因，主要是西部地区的经济欠发达区域没有得到充分的政策扶持和外来资金投入。中西部地区虽然自然资源充足，发展潜力巨大，但其基础建设和生产技术相对滞后，尤其是资金不足等问题已严重阻碍了当地的经济发展与工业转型。甘肃、贵州等资源型大省由于缺乏有效的政策扶持与资金投入，其经济发展与产业化发展的步伐很难达到理想水平。尽管具有丰富的自然资源，但是由于科技发展滞后，以及资金的缺乏，使得上述区域很难将自身的资源优势转变为发展动能。同时，中西部地区还存在着外商投资、高科技人才引进等方面的问题。由于当地工业结构不合理，对外开放水平不高，这在一定程度上也限制了中西部地区的外部联系和资源配置效率。要想解决这些问题，就必须加大政策扶持，加强资金和科技创新力度，加快区域经济发展和区域工业转型。

由此可见，我国目前区域发展不均衡的状况在一定程度上是由于不同地区间的政策差异所造成的。东部地区因率先受益于改革开放的倾斜政策而获得快速发展，中西部地区由于缺少相应的政策扶持，经济增长出现了明显的滞后。因此，在制定宏观层面的发展规划时，要注意政策的均衡性和针对性，保证全国不同区域经济的协调平衡发展。要想做到这一点，就必须根据各地区的具体需求和经济特征进行综合分析，对症下药。在实现区域协调发展的同时，要平等开展基础设施建设、教育资源扩展、医疗卫生事业改革等公益事业，实现区域间平等参与。只有采取这种综合性战略，才能减少区域间的发展差异，从而为我国各项事业的可持续发展打下更为牢固的根基。

（2）资源分配

在资本、技术和人才三大资源要素领域，我国的区域经济发展正面临着严重的资源配置失衡问题。以雄厚的制造业、服务业为基础的东部地区逐渐形成了一个资金聚集、人才聚集的中心区域，在此背景下，东部地区的发展优势得以持续强化，并由此产生了一种良性发展周期，即资金的大规模聚集对高科技产业的崛起与发展起到了很好的促进作用，继而能将更多的高层次人才引进到该区域，促进了当地经济的迅速发展和社会繁荣，在促进我国东部地区经济高速发展的同时，也使我国不同区域间的差距进一步扩大。由于资金、技术、人才等要素在东部地区高度集聚，导致我国中西部地区的经济欠发达区域无法获得足够的发展资源，在一定程度上制约了中西部区域发展的潜能和步伐。要想缓解区域发展的不平衡，就必须通过对资源进行有效的宏观调控，推动区域间经济要素的有效流通，促使区域间的经济和社会协调发展。

相较于经济发达的东部地区而言，相对落后的西部地区面临着资源配置的两难境地。从资源角度看，西部地区的经济发展水平不高，投资收益率较低，导致对外资的吸引力不足。从科技角度看，西部地区在科技进步与科技应用等方面存在一定的滞后性，科技落后已成为制约我国工业转型与经济发展的瓶颈，也是我国高科技工业发展的瓶颈。在科技、教育、卫生等重点领域，因不同区域的经济发展水平、基础设施水平等方面存在较大差距，西部地区很难留住急需的高层次人才，这不但造成了区域内的人力资源严重短缺，而且与东部地区经济发展水平的差距也越来越大。要想改变这种局面，除了加大对西部地区的资本、科技等方面的投资外，还要通过对当地居住条件、工作条件等方面的改善，全面提升对高端人才的吸引力，进而为实现西部地区的长远发展和均衡发展打下坚实的基础。

资源配置的失衡导致了区域经济的发展失衡，随着我国经济社会的迅速发展，我国东西部地区的经济发展水平差距越来越大，这也造成了我国经济发展的不均衡性。要想真正解决这个问题，就必须从国家宏观层面予以控制和调配。例如，可以通过实行财政转移支付、税收优惠政策，以及特殊扶持政策等措施来实现不同区域间资源要素的合理流通与均衡配置。另外，应采取一些针对性的策略，引导民间和外来资金流向西部地区，加大对当地的基建和人力资源的投入，增强当地对人才和资金的吸引力，只有这样才能更好地解决我国长期存在的区域发展失衡问题，推动我国经济的协调平稳发展。

(3) 历史背景

我国区域发展的不平衡是由不同时期的历史条件所决定的，这对各个区域的发展进程产生了深远的影响。在特定的历史背景下，东部地区率先开展现代化建设，实现了经济发展的领先，以广东省和浙江省为代表的东部沿海区域历来都是全国商贸的枢纽。长三角、珠三解区域内的上海、广州、宁波等口岸城市长久以来都是全球商贸往来的枢纽，由于长期与外界的交往，这些区域具有更加开阔、宽容的人文环境，这也是实行改革开放的有利条件。另外，东部地区因工业化起步较早，已建立起比较完善的产业体系和劳动力市场，为下一阶段的经济增长提供了主要动力。与此形成鲜明对比的是西部地区地处偏远，历史上相对封闭，资源发展相对落后，导致了经济发展相对落后。例如，甘肃省和青海省，因为远离经济和贸易中心，且海上交通不便，所以在很长一段时间内经济发展都比较缓慢，再加上对外贸易和对外交流的薄弱，导致这些区域的经济和社会发展都比较滞后。同时受历史背景、科技水平等因素的制约，这些区域的自然资源也没有得到很好的利用。所以，不同区域所处的社会和经济环境极大地影响着当地的近代发展轨迹与特征。东部地区的发展得益于其悠久的商业贸易历史和较早的工业化进程，西部地区由于自身的地域和历史局限性，使得各方面的发展都受到一定的限制。比较分析不同区域的社会经济发展环境，对于认识我国经济社会发展中存在的不均衡问题，进而提出合理的区域发展战略十分必要。

（4）经济基础和工业化水平的地区差异

在我国的区域经济发展中，不同的经济基础和产业发展程度深刻地影响着各地区的发展。东部地区因起步较早，再加上优越的区位条件和良好的营商环境，在工业化水平和经济发达程度上都要高于全国其他地方。例如，江苏省和浙江省由于轻工业的发展较为成熟，加之电子信息产业和服务产业都很发达，因而其经济发展水平在全国名列前茅。而西部地区发展起步较晚，工业化程度不高，再加上受地理和自然环境的制约，以及一些历史因素的影响，导致西部地区的工业化和经济发展落后较多。同时，我国中西部地区在高科技、现代服务等领域的发展也较为落后，主要原因是没有形成完善的产业集聚和系统的产业链条。

产业发展的不均衡使得我国的经济和社会发展受到了严峻的挑战，为了缩小我国东西部经济发展水平之间的差距，应在今后的发展规划中加大对中西部地区的扶持力度，包括增加基建投资、改善本地投资环境、推动工业转型，并且通过提升教育及科技水平全面提高本地劳动力的素质。此外，还需创造新的发展思路，即通过调整地区经济结构，引导本地区产业的有序转移，从而形成各地区的均衡发展态势，实现全国经济的均衡增长。

（5）人才集聚

在经济发展的过程中，不同区域内的高校、研究机构等人力资源配置存在着明显的地域差别。我国的东部地区拥有大量的高校、科研院所，同时也是我国高新技术产业发展的重要基地，为高科技、金融、管理、外贸等领域的优秀人才提供了广阔的发展空间。相反，我国西部地区的高校和研究机构相对较少，科研经费也十分匮乏。另外，中西部地区的工业结构和劳动力市场较为单一，很难为高端技术人才提供更多的就业机遇和发展空间，从而制约了当地人力资源的发展。

想要解决我国中西部地区高技术人员短缺的问题，就必须加强对教育、研究等方面的投入，优化高校教学资源配置，提高教学和科研水平。在此基础上，通过制定相应的鼓励政策和新兴行业发展战略，有效吸引和留住优秀的人力资源，推动区域经济的多样化和可持续发展。同时，要加强东西部地区间的教育、科研和技术交流，促进资源要素在不同区域间的流动，通过各种措施促进不同区域间人才的均衡分布，只有这样才能有效实现西部经济欠发达地区的可持续发展。

（6）外部投资

一直以来，由于开放的对外经济环境和独特的地缘优势，东部地区成为外商直接投资的首选之地。尤其以上海、广州、深圳等一线城市为代表的沿海地区，港口设施先进、市场条件成熟、商贸配套设施完备等成为吸引外资的重要因素。大量外资的涌入不但给当地带来了大量的资金，还带来了先进的经营理念和科学技术，对当地的经济发展起到了巨大的促进作用。以江苏省和浙江省为例，外商直接投资使其在电子信息、汽车制造、生物制药等高科技行业中成绩斐然。与之相比，西部地区的引资难度较大。西部大部分区域地处偏远，基础设施落后，市场容量小，居民收入少，因此很难吸引来外资。虽然我国的中西部地区自然资源丰富，劳动力价格低廉，但是这种潜力却没有得到很好的转化，没有形成招商引资的有效吸引力。为此，应加大对中西部地区的投资力度，尤其加大对外商直接投资的扶持力度，可以采取地方基础设施改进、投资环境优化、税收减免等激励措施。此外，为了满足外商投资项目对高科技人员的要求，需要全面加强和提升区域内人力资源的优质供给，只有这样才能吸引更多优质的外商直接投资，才能加快当地经济的发展，从而逐渐缩小与东部地区的发展距离，这对于促进地区协调发展、实现共同富裕具有重要意义。

（7）市场规模和消费水平的差异

各地区由于所处区域不同，经济发展的资源禀赋也有所不同，在市场规模和消费水平方面存在较大的差异。在我国的东部地区，由于经济发展程度高，人民生活富裕，因此市场规模较大，消费层次较高，这就给本地企业带来了巨大的商机。我国东部地区居民的平均消费能力相对较强，在高端消费品、高端服务业、数字经济等方面有着巨大的消费潜力。以北京市、上海市、广东省为例，这些省份既有巨大的市场空间，又有较高的消费水平，非常有利于服务业的转型升级。但是在我国的中西部地区，由于其经济发展程度较低，人均收入不高，因此市场规模和消费潜力受到极大限制。例如，内蒙古自治区和陕西省，尽管拥有大量的矿产和煤炭资源，但是受到市场规模和消费水平的影响，其工业和服务业的发展相对比较缓慢，且新兴产业不多。为此，国家应通过一系列政策和措施来缩小不同区域间在市场容量、消费层次等方面的差距，应从增加居民收入、改善消费环境、刺激国内需求等方面入手，充分调动我国中西部地区的消费潜能。同时，要引导和扶持我国中西部企业进行技术改造和产业升级，以满足不断发展的市场需要，提高本土企业的竞争力。只有这样，西部大开发这一国家战略才能真正落地，只有中西部地区的崛起，才能实现真正的区域协调发展和可持续发展。

2.5　区域发展不平衡引致的社会影响

（1）社会稳定

区域发展不平衡已成为影响我国社会稳定的重要因素。随着我国经济的迅速发展，东部沿海地区已逐渐形成大量流动人口，大量的外来人口涌入虽然极大地解决了当地对劳动力的需求，但是大量的人口迁移对我国东部地区的人口密度、居住资源及社会保障等都造成了一定的影响。以北京市和上海市为例，不仅存在着住宅紧缺、道路拥挤等突出问题，而且在教育、卫生等社会公共资源的供应方面也出现了较大的困难。而在西部地区，情况却恰恰相反。受到经济发展水平的限制，以及受教育水平低、工作岗位少等因素的制约，很多具备一定技术和专业技能的人员纷纷走出家乡，到其他区域寻找更好的发展机遇。这一现象在一定程度上制约了我国西部工业的发展与转型，同时也引起了民众的不满。例如，甘肃省和贵州省，虽然拥有丰富的自然资源，但是却因为人才流失而很难得到高效开发。

总之，我国的区域发展不平衡给社会稳定带来了两大难题，一个是东部地区要处理好因外来人口涌入而产生的行政与社会保障问题，另一个是西部地区要处理好因劳动力外流而导致的经济发展落后问题。因此，在制定和执行区域发展战略时，必须将各方面的影响纳入考量，并通过切实的举措推动各区域间的平衡发展，以缓解社会压力，保障社会稳定。

（2）人口流动

随着大量人口的迁移，区域间的发展不平衡问题更加突出。据统计，以广东省和浙江省为代表的东部沿海省份因经济发展程度高，有充足的工作岗位，对农民工有很强的吸引力。农民工在农村人口中所占比重较大，是促进农村经济发展的主要因素。农民工的大量涌入不仅为东部地区的产业发展提供了大量的人力资源，还带动了当地的消费市场，加速了城镇化的发展。可是随之而来的是西部地区出现了显著的人口外流现象。因为经济发展缓慢，就业机会有限，居住环境较差，西部地区的部分劳动力会选择到经济较发达的东部地区寻找更好的就业机会。劳动力的迁移不但造成了西部地区的人力资源短缺，还制约了当地的经济发展与社会稳定。

这种区域间的人口迁移现象对区域经济发展的不平衡会产生更大的影响，造成更大的地区差异。随着人口的增长，东部地区的发展更加活跃，且更具发展空间。相反，西部地区的就业市场逐渐萎缩，发展势头也越来越弱。从长远来看，人口迁移现象将造成我国东部地区人口密度过大、资源紧缺，而西部地区则会出现发展滞后、人才匮乏等问题，从而影响我国的总体经济发展和社会安定。

为此，必须进行更为均衡、高效的决策，要切实增强西部地区对劳动力的吸引力，改善当地的工作和居住状况，并对其进行科学的城镇发展规划，实现区域间的平衡发展，降低人口迁移对经济和社会的影响。

（3）地区竞争力

从区域竞争的视角来看，东西部地区在招商引资的吸引力方面存在明显差异。我国的东部地区，尤其是沿海经济发达城市，由于产业链发达、科技含量高、营商条件优越，已经成为外商投资和高科技企业入驻的首选地。长三角区域市场环境成熟，基础设施完善，行政管理效率高，人力资本雄厚，如上海市，作为全球经济、贸易的重要城市，同时也是许多高科技企业、科研院所的集中地，为各类企业的成长创造了广阔空间。西部地区的情况则恰恰相反，如内蒙古自治区和四川省，尽管它们拥有丰富的自然资源，但因基础设施落后、技术水平低、资本投入少，因而难以有效利用外资，更无法促进高科技工业的发展。又如甘肃省和青海省，虽然有着特殊的资源优势，但由于交通、通信等方面的欠缺，导致难以引进高科技项目。

总之，东部地区的比较优势和西部地区的发展困境是形成目前我国各大城市间发展不均衡局面的重要原因。不同区域间的市场规模、消费水平等存在着明显差距，这种差距深刻地影响着各区域的经济发展。我国的东部地区经济发展程度高、人民生活水平高，因此市场规模大、消费层次高，这就给当地的企业带来了巨大的商机，在高端消费品、高端服务业、数字化经济等方面有着巨大的吸引力。例如，北京市、上海市和广东省不仅市场容量大，而且消费者对新产品和新技术的接受度也相对较高，这就为创新驱动型企业的成长提供了良好的土壤。因此，想要提升西部地区的经济实力，就必须重视与民间资本的合作，加强基础设施建设、吸引和培养高科技人员、促进科技创新与企业成长，只有这样才能充分发挥西部地区自然资源丰富的优势，才能逐渐形成一个具有较强竞争力的产业结构。

第3章　我国职业教育的发展现状

3.1　我国职业教育的发展历程

（1）初始阶段（1949年以前）

从19世纪晚期到20世纪初期，我国的职业教育经历了一个漫长的发展过程。这一时期以手工业学堂、农学堂等为主要形态，以培养适应工业化前期需要的实际技能和经营管理人员为主要目标。职业教育以实际操作、技术训练为主，使学生通过培养能够直接参加企业的生产经营活动，以满足时代发展的需求。

此时的职业教育教学注重实用，以实践为基础，培养学生对专业技术的学习能力，但这一阶段的教学模式存在许多不足之处，主要表现为规模偏小，缺乏系统性的教学规划与课程体系。受当时的社会、经济状况所制约，普通的学校很难为学生开设更多的专业课程，也无法进行更深层次的职业教育。当时的职业学校在办学条件、课程设置、实训环节等方面存在着严重的问题，并且职业学校与企业的关系不够密切，造成教学内容与企业生产需求的不匹配。所以，尽管初期的职业学校能够适应工业化的需要，但是对于高技术技能人才的培训，以及推进学校的制度化发展，其作用却是十分有限的。

新中国成立之前，职业教育已初步形成，但仍处在起步时期，没有形成完善的制度与发展模式。这一阶段的经验与教训为后来职业教育的发展提供了很多借鉴，尤其是重视实习、提升素质等方面，都具有重要的借鉴意义。同时，人们对职业学校的要求越来越高，推动了后来职业学校的改革与发展。

（2）新中国成立初期（1949—1978年）

新中国成立以后，国家对职业教育的关注大大提高，这一阶段的发展表明，我国的职业教育开始进入制度化、标准化阶段。这一时期，国家出台了一系列方针与措施，将职业教育作为国民经济发展的重中之重，并对其进行了积极的探索。在这样的大环境下，我国的职业教育得以快速发展，为适应我国的工业化、现代化对人才的需求，逐渐形成了一套完整的职业教育制度。

国家在大力发展职业教育的同时，也加大了对职业院校的扶持力度。在此期间，我国的职业院校数量出现了爆炸式的增长，其覆盖面与影响力也得到了明显的扩展，职业院校的规模不断扩大，办学层次不断提高。随着我国产业化进程的加快和农村经济的发展，逐渐形成了一批具有较高素质的新型农村院校。这一时期，职业院校的培养目的和教学内容有了清晰的定位，既注重学生业务能力的培养，也注重学生思想品德的塑造。职业院校采用理论联系实际的方法，对学生进行专业技能和思想品德的教学，要求学生既能掌握生产岗位所需的技能，也能主动参与祖国的社会主义事业。这一时期的职业教育强调的是要与我国的经济、社会发展密切相关，职业院校与工业企业及农业生产单位紧密结合，满足了社会和经济发展的需要，为各行业培养了大批高素质的科技人才。这样的教学方式既增强了教学的实效性，又使职业院校更好地融入了国民经济建设。

新中国成立以后，我国的职业院校经历了一个从无到有、由弱变强的发展历程。在此期间，职业院校逐步形成了一套完整的教学模式，并在促进国民经济发展方面起到了积极的作用。

（3）改革开放以来（1978年至今）

改革开放后，我国的职业教育开始了一个崭新的发展时期。特别是新世纪以来，国家对职业教育给予了极大的关注，在立法和政策方面提供了强有力的支撑，相继颁布了《中华人民共和国职业教育法》等相关法律法规，对职业教育的定位与功能进行了界定。在国家政策的指导下，职业教育体系逐步健全，从单纯的职业教育发展到中等职业教育、高等职业教育和成人职业教育并存的职业教育体系，这样一个多层次的职业教育体系不仅可以更好地满足不同层次的人才需求，还使得学生有了更多的受教育选择。1999 年 7 月，中共中央、国务院做出《关于深化教育改革全面推进素质教育的决定》，第一次提出要发展高职，培育一支既有扎实的理论基础，又有扎实的动手能力，又适应生产、建设、管理和服务第一线需要的专业技术人员。在这之后的 10 多年里，仅高职院校就从几十所发展到 1400 多所。

在这一时期，职业院校的教学方式也发生了很大变化，从单纯的技术训练转变为全面的素质教育，当代职业教育的教学突出了理论联系实际、人才培养等特点。在强调职业能力的同时，还强调了对学生全面素养的提高，包括思维能力、交流能力、团队协作能力等，以满足当今社会与经济发展的需要。同时，由于科学技术的进步和社会的变化，职业院校也正在进行着改革与调整，如网络教学、虚拟实验室等现代教学方法和技术的引进，大大提高了教学效率，提升了教学质量。2002 年和 2005 年，国务院召开了两次全国职业教育工作大会，针对当时职业教育存在的问题，提出探索具有中国特色的职业教育发展之路。大会在主题报告中将之概括为必须服务于社会主义现代化建设；必须满足城乡居民对职业教育的多样化需求；必须与社会主义市场经济体制相适应；必须与生产劳动和社会实践紧密结合。这标志着我国的职业教育进入了一个全新的发展阶段。

3.2 我国职业教育的现状分析

（1）教育体系与结构

我国的职业教育具有多层次、宽范围的特征，在我国的技术技能型人才培养方面具有举足轻重的作用。我国职业院校的办学目标是适应经济和社会发展的需要，面向就业人群有针对性地开展专业素质培养和技能培训。职业院校在教学过程中既要重视技能的传授，又要重视职业道德、工作责任心等方面的训练，为学生今后的就业奠定坚实的基础。在我国，中职教育涵盖了传统的制造业和建筑业，以及现代服务业和信息技术等行业，其教学目的是为满足社会需要的技术技能人才提供教学服务。高职院校主要面向中学及以上文化程度的学生进行较高层次的职业教育。高职院校更加重视理论联系实际，以实习和实训为主要手段，培养学生的动手能力和创造技能。高职教育以培养业务水平高、业务能力强的应用技能型人才为目标，以适应劳动力市场对高质量、高技能人才的需要。

我国的职业院校在发展的过程中要不断进行改革。经济和社会的发展使得人们对职业院校的办学要求不断提高，高职院校的办学规模需要不断扩大，办学水平也需要不断提高。职业院校需要更好地适应未来技术的进步和产业的转型，需要加强与企业的合作，促进产教融合、校企合作，不断增强学校的社会适应性。面对新形势，国家正在大力推进职业院校的改革，主要举措包括优化职业院校的办学布局、实现教学内容与教学系统的不断创新、采用现代化的教学手段、提高教师的专业素质，从而提升职业院校的办学水平，更好地服务我国经济的高质量发展。

（2）课程与教学方法

职业院校的课程体系是将理论与实践相结合，为学生提供高质量的人才培养服务。这样的培养方式既符合劳动力市场对高技术专业人员的要求，又为学生的自我发展和事业发展创造了广阔的空间。职业院校要根据行业的发展变化，对人才培养课程体系和教学方式不断进行改革与创新，应根据产业、行业和劳动力市场的需要，不断优化更新教学内容，注重理论与实际操作相融合，培养具有较高专业素质的学生，使其能够较好地满足不同岗位的需要。职业院校在专业设置上既要符合产业发展的需要，又要顺应科技发展的潮流，切实做到与时俱进。

在教学方法方面，职业院校必须逐步抛弃以教师为主的传统授课方式，应更多地关注师生间的互动交流。在教学模式上，可以采用案例教学、工作室教学、模拟实训、岗位实践等形式，更好地模拟现实的工作情景，提高学生的实际动手能力和专业技能。通过对特定的情景进行剖析，使学生运用所学的理论知识解决现实中的问题，并训练他们的判断能力。通过虚拟实训，为学生创造一种近似于现实的工作情景，帮助学生在实习过程中不断提高自己的专业能力。实践训练是职业院校教学中的一个主要环节，通过与企业和产业的密切联系，使学生能够亲身接触生产过程，体会生产现场的工作氛围，熟悉行业规范。这样的实习经历既能提升学生的专业技术水平，又能增强他们的实际工作能力，为他们将来走向职场打下良好基础。

（3）师资力量和设施条件

职业院校的教师队伍及教学设备状况会直接影响教学质量和教学效果。近年来，各地对职业教育的重视程度不断提高。在师资建设上，各地职业院校纷纷开展了一系列增强教师素质、提高教学水平的举措。首先，建立了一套完善的评估制度，激励广大教师不断强化自身的能力提升，保证专业水准与学术水准不落伍、不掉队。其次，职业院校通过开展定期的教育培训和学习，帮助教师了解最新的教育思想、教学方法及区域产业的发展动向，进而对自己的教学内容和教学方法进行持续的改进和优化。在职业院校，尤其是高职院校，要求教师既要有扎实的专业理论，又要有丰富的工作经历和专业背景。为此，各地职业院校积极动员广大教师开展企业实习、产业调研、科技研发等活动，丰富教师的职业化视野。在硬件提升方面，各地职业院校非常重视学生动手能力的培养，因此对教学中的实训场所和实习实训设备都有较高的要求。为了保证高质量的教学效果，各地职业院校需要不断增加对实验室、实训室和教学训练设备的投入，努力为学生提供一个模拟真实的教学环境，让他们可以在实训教学中掌握必要的专业技能和技术。同时，各地职业院校要不断优化网络教学环境。通过网络教学，学生能够获得更多的学习资源，方便开展自主学习和网上沟通，从而拓展学生学习的广度和深度。

3.3　我国职业教育面临的挑战与问题

（1）与产业发展的脱节问题

职业院校在为国家提供高素质技能型人才的过程中扮演着举足轻重的角色，然而，职业院校与行业发展的错位成为制约学校办学成效的主要因素。目前，虽然我国的职业教育已取得了长足的发展，但仍面临着许多问题。

第一，一些职业院校的专业结构比较单一，不能快速适应劳动力市场的发展。由于科学技术的进步和工业的发展，出现了许多新的职业，但是有些职业院校的专业设置仍然局限于原有的产业结构和技能要求，没有进行很好的适应性调整。人才培养的相对落后造成了培养目标与社会需求存在较大的差距，培养出来的专业技术人才不能适应新型产业发展的需要，从而降低了毕业生的就业能力，也降低了学校的就业率。

第二，职业院校与企业的联系不够密切，致使职业院校的教学内容和实习安排与企业的现实需求有一定的距离。最理想的教学模式应是产教融合、校企合作，使教学内容和人才培养方案与生产企业的现实需求密切相关。但部分职业院校由于缺少与企业、产业的深度融合，无法实时掌握产业发展趋势和技术要求等方面的相关信息，导致所培养的人才难以满足不断变化的劳动力市场需求。要想真正地走出困境，就必须加强职业教育与产业发展之间的联系。首先，职业教育要加大对劳动力市场的调研力度，适时地调整教学计划，使其符合社会发展的需要。其次，要强化与企业之间的合作，采取产学相结合的形式，使学生在学的同时还可以更好地参与企业的生产，提高学生的工作技能和适应性。

只有行业、企业、学校三方合力，才能有效化解职业院校与企业之间的供需矛盾。只有这样，职业教育才能更好地为行业发展服务，才能适应社会对专业技能人才的需求，为毕业生的就业与职业生涯发展提供高质量的人才培养服务。

(2) 质量和效率有待进一步提升

如何提高办学水平和办学效益，是职业院校面临的关键问题。虽然我国的职业教育发展很快，但是职业院校的教学资源、师资力量、实习实训条件等都还不够完善，这对教学质量和办学水平会产生较大的影响。

第一，缺乏足够的实习实训条件是影响职业院校办学水平的重要原因之一。部分职业院校存在着教学设备落后、实验实训设备陈旧、不能适应现代化职业教育教学需求等问题，严重影响了教学环节和教学内容的整体设计，从而导致教学效果不佳，课堂缺乏吸引力。

第二，师资力量薄弱是制约职业院校教学水平提高的一个关键因素。部分职业院校师资力量薄弱，尤其是具备工作实践经验的师资力量不足，教师的学历层次、授课水平与职业教育的要求不相符，教师素质和能力水平的高低将会对教育质量和人才培养产生重大影响。

第三，缺乏实践训练环境也是影响教学有效性的一个主要原因。职业院校应高度重视学生动手能力的训练，但受教学条件所限，很多职业院校无法为学生创造足够多的实习机会。由于缺少与企业合作的实践训练平台，使学生无法积累足够的实际操作体验，从而影响了最终的教学质量。

要想提升职业院校的办学水平和办学效益，就必须增加投资力度，对教学设施与实习器材进行升级与改进，为学生提供足够的教学资源，以适应现代化职业教育的要求。从长远的角度来看，要保证长期稳定的教学质量，就要提升有工作实践经验的师资比重。另外，要加强与企业的联系，创建更多的校内外相结合的实训基地，增加学生动手操作的时间。

(3) 国际竞争力和适应性问题

随着全球经济一体化进程的加快，国际影响力与全球化适应能力已成为衡量职业院校办学能力的一个主要尺度。尽管我国的职业教育已取得了长足的进步，但职业院校的国际化水平还有待提高，需要培养更多具备国际竞争力和适应性强的人才。

第一，职业院校要注重引入先进的教育观念和教学方式，与国外名校开展合作，通过教师交换、共同开展科研活动等方式，推动我国职业院校的国际化进程。

第二，职业院校要具备全球化视野，打造国际化办学模式，在教学环节、教学内容及师资培养等方面与国际接轨。职业院校还应制定留学生交换计划，通过组织学生参加国际竞赛、讲座及跨国实习等方式，从全球化的角度加强学生的知识与技能培养。

第三，职业院校要加大外语教学力度。在全球经济一体化的大背景下，能够熟练地使用外语进行有效的国际沟通，已成为一项必备技能，因此职业院校必须强化外语教学，培养学生在国际化工作中的沟通能力。

总之，要增强我国职业院校的国际竞争力和全球化适应能力，就必须从教学质量的提升、国际化办学水平的提升、国际视野与跨文化素质的培养等几个层面着手，这不仅有利于学生的自身发展，还有利于职业院校与世界接轨，从而为全球化背景下我国经济的可持续发展提供更多的国际化人才。

3.4　我国职业教育的发展趋势与前景

（1）政策导向和支持机制

国家对职业教育的高度重视，对于职业院校的高水平发展具有重要意义。今后，我国要进一步推动职业院校与行业需求的密切联系，强化职业院校与行业的深度结合，推动职业院校教学质量与结构的优化与提升。同时，职业院校既要顺应经济、社会发展的大趋势，又要与企业的现实需求密切结合，保证培养出的人才既适应行业发展要求，又符合劳动力市场的需求。首先，国家应制定更多的政策加以引导和扶持，如财政补贴、税费优惠等，推动产、学、研的高效融合。其次，加快职业院校与产业的深度结合，只有构建更为灵活的教学体系，实行工学结合、学徒制等多种人才培训方式，才能使职业院校更好地满足区域经济发展的需要。

(2) 产业融合是职业教育的必经之路

职业院校与行业的深度结合需要双方的积极参与和主动配合，通过校企合作、工学结合、建立实习基地，能够使职业院校的办学水平和办学效益得到实质提升，从而更好地适应行业发展对人才的要求，推动我国经济和社会的可持续发展。加强职业院校与企业的紧密联系，使职业院校的教学内容与企业需求具有较高的契合度，这种产教融合的教育模式既能提高学生的动手能力，又能更好地适应行业发展对人才的要求。以下是促进职业院校与行业一体化发展的几种途径与对策。

第一，校企联合办学方式。通过构建良好的校企合作关系，实现职业院校与行业的深度结合。企业深度参与课程设计、教学实施、实习实训及对学生的评价等，通过真实的企业实践或训练，让学生能够直接到企业中去工作，积累实践经验，从而提高专业技术水平。

第二，工学结合的教学模式。这是一种以学生和企业需求为核心的教学模式，将企业的岗位工作任务融入教学环节，有利于帮助学生更好地将理论和实际结合起来，加深对专业内涵的理解，增强学生的实际应用能力。

第三，实践教育基地建设。强化实践教育基地建设是职业院校开展实训教学工作的有力保障，职业院校可以探索与企业联合建设现代实践教育基地，并将其打造成一个集产、学、研为一体的技术技能平台。

第四，持续教育与培训。随着技术的发展和科技的进步，职业院校要与时俱进，始终关注行业发展趋势，适时更新教学内容，改变教学方法。这就要求职业院校能够提供一个满足持续教育与培训的服务平台，构建一个能实现社会人员终身学习的教育和培训体系，使他们有更多的机会学习新的方法和技能，从而满足未来发展对新时代技术技能人才的需求。

第4章　职业教育在我国国民经济中的地位和作用

4.1　职业教育对经济增长的贡献

职业院校是我国教育体系中的重要组成部分，一直以来，党中央、国务院对发展职业教育给予了高度的关注。改革开放后，尤其是近年来，我国大力推动了职业教育的扩容提质，各级职业院校的办学水平都有所提高。但是，目前我国职业教育的整体发展水平还很低，与我国经济和社会发展的要求还存在较大差距。因此，发展职业教育不仅是一项迫切的任务，更是一项长期的规划。当前，我国的就业与经济发展面临两个重大转变，即社会劳动力就业需要加强技能培训和产业结构优化升级需要培养更多的高级技工。我们必须置身于现代化发展进程中，充分认识到发展职业教育的必要性和迫切性。到2023年，我国职业院校的在校生数量已经突破3000万，涵盖了从基本技能训练到高级技术技能人才培养的广阔范围，我国的职业教育在促进经济发展和社会发展方面有着其他教育类型不可替代的作用。

在知识经济时代背景下，我国的职业教育经历了一场深刻的转型，职业教育与经济和社会发展相结合，在我国发展的新阶段具有重大意义。职业院校在提高劳动者素质、促进社会经济发展等方面发挥着重要作用，相关资料显示，高职高专近几年的就业率一直保持在90%左右，如此高的就业率既是对毕业生就业质量的充分肯定，也是职业教育适应我国国民经济发展和市场经济需要的重要体现。职业教育通过培养与制造业、信息技术、现代服务业等重点产业密切结合的技术技能人才，为国家经济的转型升级提供了强大的人才支持。

同时，职业院校还能为企业节约人力资源成本，提升企业的产出效率。国内的很多企业都与职业院校有着密切的合作关系，企业可以因此大大降低新雇员的训练费用，并提高他们的工作适应能力和生产效率。这种合作关系既能使企业对市场做出快速反应，又能为企业输送大量符合工作要求的专业技术人员，如华为和海尔这样的龙头企业，都是通过与职业院校深度协作，构建起了一套完备的职业教育制度，从而实现行业转型和高质量发展。在促进区域经济发展的过程中，职业院校也发挥了不可忽视的作用。“十四五”时期，国家将职业教育作为推动区域经济发展的战略重点，如西部大开发、乡村振兴等国家层面的重要战略。为了适应未来经济发展的需要，国家大力推进职业教育的扩容提质，各地也纷纷借此优化人力资源的供给。例如，在西部大开发战略中，西部地区大力发展职业教育，优化专业结构、扩大人力资源供给，这对西部地区经济的发展起到了很好的推动作用，对社会的稳定和可持续发展也起到了积极的作用。

从整体上看，职业教育对我国经济增长、提高劳动者素质、降低企业成本、促进区域经济发展等均具有重要意义。随着国家关于职业教育的政策不断完善，我国职业院校的办学规模和办学水平将不断提高，将为国家的经济和社会发展做出更大的贡献。

4.2 职业教育与就业市场的关系

随着经济和社会的快速发展，我国职业教育的规模已位列全球第一，为我国国民经济和社会发展提供了强有力的支撑。在中国特色社会主义新时代，我国的经济和产业发展方式有了很大的改变，职业教育怎样才能与新时代的经济与行业发展相匹配、怎样才能真正地支撑起经济和工业的发展、怎样高效培养出一批合格且有能力的技术技能型人才，这是我国职业教育今后需要关注的中心问题。

20 世纪兴起的人力资本学说认为，教育是一项对个人生产力的投入，它通过投入产出所产生的收入来实现激励。这就是说个人在学习方面的投入可以通过取得较好的工作而获得较高的报酬。职业院校与人才培养是紧密联系在一起的，职业教育在我国的地位越来越高，也越来越受到人们的重视。据相关统计，到 2023 年，全国职业院校的学生数量突破 3000 万，这为就业市场带来了大量的多元化人才供应，对推动国民经济的发展起到了非常重要的作用。职业教育是我国经济社会发展的一个重要组成部分，是我国经济社会发展的必然趋势。当前，职业院校的发展既有新的契机，也有新的挑战。在政策方面，国家持续增加对职业教育的扶持，出台了一系列促进和调整职业教育发展的政策和举措，包括与企业合作、提高职业教育质量、优化人才培养模式等。

通过上述政策和举措，促进了职业院校与劳动力市场的密切联系，畅通了职业院校毕业生的就业渠道，最大限度地缓解了失业问题。另外，职业教育通过增强个体劳动者的工作能力和发展潜能实现了对劳动力市场供求关系的有效调节。相关资料显示，我国高职高专毕业生的就业率比其他各类高校都要高，说明职业教育对提高学生的就业竞争力具有明显作用。近几年，在经济结构调整和产业升级的背景下，社会对专业技能人才的要求越来越高，而由职业院校培养出来的专业技能人才在市场上越来越受青睐，这给职业院校的毕业生带来了更广泛的工作前景和更多的职业发展选择。同时，职业教育有利于提高我国的社会流动水平，使低收入群体可以通过自身的技术进步而获得更高的社会经济地位。我国提出的职教兴国战略方针，通过采取一系列的举措，使职业院校走出了一条更加专业、个性化的道路，为广大职业院校学生带来了更多的高质量就业机会。此外，部分地区还推出了相应的创业扶持措施，如给予创业基金资助、减免创业税费等，让学生有更多的机会发挥自己的才能，获得更多的发展空间。通过政策扶持和校企协作，职业院校正在不断努力提高毕业生的就业能力，加强与劳动力市场的紧密联系，提高人力资源的社会流动性，在推动经济发展、维护社会安定等方面起到了无可替代的作用。

4.3 职业教育对产业升级和结构调整的推动作用

改革开放至今，我国经历了两个重要的发展阶段。第一个阶段是从改革开放之初开始，以探索新的发展道路为目标，试图建立一个富有生机的社会主义市场经济体系。这一时期的重点在于转变，即由单纯地追求工业增加值转变为以经济利益为重点的全面发展。我国的经济体制从原来的计划经济转向了更具弹性和生机的市场经济，从过去的封闭性、半封闭性发展到开放性经济发展模式。这是一个基本的结构调整，为以后的平稳发展打下了良好的基础。第二个阶段是从 20 世纪 90 年代中期开始，在亚洲经济危机的影响下，我国的经济不仅没有陷入深度萧条，而且迅速发展成为亚洲最大的经济体。这一时期的转型重心是由低质量的高增长转向高质量的高增长，注重发展模式的集约型改革和战略性的工业结构调整。但这一转型并不顺利，尤其在“十五”时期，我国原有的高能耗、高污染、低产出的传统模式有所回升。

我国的经济发展历程告诉我们，在一个特定的阶段里，必须不断地进行转型升级才能克服长期积累的问题和缺陷，才能与国内外的新形势相匹配。职业教育是推动工业转型、优化经济结构的关键，通过科学的培养手段，职业教育能够为行业的转变提供稳定的人力资源输出，协助企业顺应市场的变迁和科技的进步，促进传统工业的升级与新兴工业的发展。同时，职业教育也能促使各行业互相结合，有利于实现我国经济结构的优化和升级。

4.4 职业教育的社会效益

(1) 职业教育的社会地位得以凸显

职业教育是我国现代教育体系中的重要组成部分，其基本目标是培养和提供符合社会需求和经济发展要求的专门人才。《国家职业教育改革实施方案》明确指出，要紧密结合国家工业发展的重大战略，深化校企合作，走工学结合、学用结合的办学方式，培养高素质的技术技能人才，同时对提升高职教学质量也提出了更高要求，提出要通过引入行业规范，加强与企业之间的协作，使教学内容与岗位工作需要更好地契合。这样既可以帮助学生在求学期间快速地融入工作岗位，提高其工作能力，又可以缓解企业技术技能人员紧缺的问题，推动企业的技术创新，提高生产效率。

与普通高等教育不同的是，职业教育要具备一定的灵活性和实用性，要能够快速适应我国经济和社会发展的需要，为我国的工业升级和经济发展培养大量的技术技能人才。职业教育的这一特性，决定了它拥有更为重要的社会地位。

（2）职业教育的社会效应不断扩大

职业院校在促进经济发展、推动社会进步、实现社会平等等方面发挥着举足轻重的作用。《国家职业教育改革实施方案》指出，职业教育不仅是我国国民经济发展的重要支撑，更是促进社会公正的重要途径。职业院校为社会各阶层的学子提供了多元化的升学途径和均等化的学业机遇，对缩小社会差距、促进社会和谐发展具有重要意义。在推动我国经济发展的进程中，职业院校为满足劳动力市场对高质量技能人才的需求，培养出了大量的技能型人才，既推动了我国产业结构的调整和提升，又提升了我国在世界范围内的竞争力。与此同时，在促进社会发展的过程中，职业院校为广大青年，特别是乡村、偏远地区的学子创造了一个实现自我价值、提升个人社会地位的关键舞台，为他们提供了一个改变命运、追逐梦想的新途径。同时，职业教育对均衡教育资源配置和促进社会公平也发挥了积极作用，职业教育的推广将有利于突破原有的阶层分化，逐渐形成一个更加平等和包容的社会。

从今后的发展需要和挑战来看，职业院校还需要继续进行教学改革和教学模式的革新。《国家职业教育改革实施方案》指出，要提高职业院校在国际上的竞争力，就必须加强与世界各国的交流，同时要增加对职业院校的投资力度，使其达到最优分配水平，保证每个学生都能享有优质的教学服务，为我国的经济和社会发展做出更大的贡献。

（3）产教融合赋予职业教育重大使命

产教融合是当前我国职业教育的重要发展方向，也是当前职业院校改革的重要内容之一，其目标是将教学资源与企业实际紧密结合，促进教育与经济发展的良性互动。按照《国家职业教育改革实施方案》的要求，通过产教结合的战略，既实现了人才培训方式的变革，又保证了教育产出与市场需求的准确匹配，使企业的科技创新实力得到明显提升，并在激烈的市场竞争中站稳脚跟。职业院校实行产学结合的办学方式，有利于促进企业科技创新、优化人才结构。职业院校在促进企业发展中所扮演的角色远远超出了仅向企业提供与市场密切相关的技能人员，通过与企业的密切协作，不仅促进了企业技术的转化，还为企业的不断创新与发展打下了良好的基础。同时，职业院校在提升企业人员综合素质、建设企业文化等方面也发挥着不可忽视的作用。

为了进一步发挥职业院校对企业和国民经济发展的促进作用，《国家职业教育改革实施方案》从深化校企合作、创新人才培养方式、加大政府扶持力度等多个角度，对职业院校的改革提出了一系列具有前瞻性的指导意见。未来的职业教育应以构建更加稳定高效的产教融合架构为基础，以不断提高职业院校的总体办学水平与办学效益为目标，实现对优质教育的合理配置，使之更好地满足企业与经济发展的现实需要。

第5章　区域协调发展对我国职业教育的需求侧影响

5.1　职业教育受到区域发展不平衡的制约

在我国经济高速发展的背景下，存在着地区发展不平衡的矛盾。我国东部、中部、西部地区发展不均衡，农村和城市之间的教育资源配置也存在不均衡的问题。由于初期的改革和地缘的有利条件，东部沿海地区的经济得到了快速发展，拥有了丰富的教育资源。形成鲜明对比的是，我国的西部地区，特别是地处边远的内地，由于受地理环境、社会发展等因素的制约，导致经济发展速度较慢，同时还存在着教育资源匮乏、教育质量低下等问题。

目前，我国各地区的职业教育存在着严重的发展不平衡现象，已影响到当地的人才培养质量和经济发展水平。我国各地区在教育资源、经济发展水平等方面存在着明显的差距，这些差距既体现出地区间的经济差距，又凸显了教育资源配置的不平衡。要解决这一问题，既要加大对我国经济欠发达地区的教育投资，又要通过政策的调整，使教育资源合理分布，达到教育的均衡发展，从而提高区域教育的总体水平。

我国的区域发展不均衡给职业教育提出了严峻的考验，这就需要各地的职业院校按照当地的经济特点和行业发展需要进行专业和课程的优化，使教育资源的分配能够更好地满足当地的经济需要。我国要大力发展职业教育，通过职业教育来推动地方的经济和社会发展，从而缩小区域间的发展差距，实现更大程度的平等与和谐。因此，职业院校的规划与发展必须进行全面的剖析与研究，认清职业院校在推动区域协调发展中的角色与职责。这既包含了对已有的职业教育资源的有效使用与最优配置，又包含了对今后社会和经济发展态势的预判与应对措施，以保证职业院校在适应劳动力市场发展的同时，更好地适应新兴行业对人才的需要。同时，职业院校还要与当地行业密切联系，通过校企合作，建立实训实习基地，提高学生的实际操作技能。此外，职业院校要充分适应区域经济发展的要求，对教学内容和教学方式进行持续的调整与优化，从而达到均衡分配和有效使用教育资源的目的，为推动区域的经济和社会发展做出更大的贡献。

因此，职业院校的改革需要综合考虑当前的人力资源需求规模和结构，并对其未来的发展趋势进行主动预判，这涉及技术创新、产业转型升级等诸多要素的考量。随着数字化、人工智能等新科技的兴起，新型产业迅速发展，这就对职业院校的办学能力提出了更高的要求。要求职业院校进行大胆的改革，通过引进新技术和新理念，加强对学生的实践技能训练，保证学生毕业后能够满足就业市场的需求。同时，加强不同区域间的互助协同，从根本上解决教育资源的合理分配问题，促进更大范围的教育公平。通过构建跨地域的教育协作机制，实现优质教育资源的共享，有利于扩大优质职业教育的覆盖范围，特别是在教育资源相对稀缺的地方。通过上述措施，既可以提升职业院校的办学水平，又能推动教育资源在不同区域的有效共享，从而促进区域经济的平衡发展。

5.2 职业教育需要适应区域协调发展战略的需要

为了解决我国东部、中部、西部地区发展不同步，以及城乡发展不平衡的问题，国家先后出台了关于西部开发、国家新型城镇化规划、东北振兴等一批重大政策和举措，以实现区域经济的协调发展，同时兼顾社会的和谐稳定。在此大背景下，职业教育肩负着培育高素质人才、促进区域经济和社会全面发展的重任，这就对职业院校提出了更高的要求，即要培养有专业技能、有社会责任感、有创新精神、有终身学习能力的新时代人才。只有这样，职业院校才能更好地服务于区域经济和社会的高质量发展。为此，职业院校必须顺应新时代发展要求，对课程设置进行适应性的改革，使之更加符合人才培养的基本要求，其中包含了与当地企业紧密结合、密切关注市场变动与科技发展等，以保证人才培养质量和规模都能满足区域发展的需要。职业教育的改革和创新不但可以提升毕业生的就业能力，还可以有效推动区域经济的可持续发展与社会的和谐安定。

职业教育是国家经济社会发展的重要组成部分，应为区域经济的协调发展做出自己的贡献。首先，职业院校应以培养适应区域经济和社会发展需要的高质量、高技能、高水平的专业技术人员为本，这既能提升区域的就业水平，又能为当地的产业转型升级提供所需的人才支撑，从而促进我国经济的可持续发展。为此，职业院校必须加强育训结合，注重专业知识和专业技能的同步提升。其次，职业院校要结合当地的实际情况，构建适合当地经济发展的专业布局，在培养中注重学生实际能力的提升，并开展有针对性的就业辅导。总之，职业院校要把职业教育改革与区域协调发展有机结合起来，更好地服务区域经济的发展。

为了更好地推动区域均衡发展，职业院校需要具备以下几个方面的基本条件。

第一，实现优质教育。尤其是对于中西部地区和广大农村地区，需要通过对教育资源的合理分配，以及提高教师素质来缩小与东部经济发达地区的差距。通过加强教师队伍建设、改善教学设施、更新教学内容与教学方式等措施，保证全部学生都能享受到优质的职业教育。

第二，职业院校要密切关注当地的经济特征、行业需要，及时调整专业与课程结构。这就要求职业院校要对当地行业的发展态势进行及时的分析与预判，从而对自身的专业结构进行相应的调整，以满足产业发展的需要。

第三，加强职业院校与企业的协作，提高职业院校毕业生的实际操作能力及就业能力。这样既可以使学生获得实践经验，又可以为企业培养出满足需求的专业技术人才，从而促进区域内的高质量就业。

不可否认，职业院校在促进区域经济全面发展的同时，也存在着教育资源短缺、教学质量不均衡、企业难以协同等问题。要破解上述困境，需要政府、职业院校、企业的多方合力，从政策扶持、资源整合、教育方式等多方面入手来解决问题，使职业教育在促进区域均衡发展中发挥更大作用。

5.3 职业教育需要适应区域劳动力流动转移的趋势

在我国，随着人口的不断增长，人口的迁移已逐渐成为影响地区发展与社会转型的一个重要原因。人口流动既包含城乡之间的人口流动，也包含跨地区的人口流动。区域间经济发展的不平衡、就业机会不均等、产业层次不同等是影响我国人口迁移的重要原因。农民工的大规模迁移给我国的职业院校带来了新的要求与挑战，特别是如何强化农民工的职业能力，如何通过培养使其能够更好地满足迁入地工业发展的需要。职业院校想要适应人才流动的发展态势与需要，可以采取以下对策。

（1）构建柔性多元的教学方式

职业院校要适应我国人才迁移的特点及面临的新挑战，采取弹性、多元化的教学方式来积极应对。网络教育、远程教育是解决农民工就业问题的有效途径，这种类型的教学可以让劳动者自由安排时间，保证他们在迁移期间可以不间断地得到教育和训练。职业学院要根据劳动者对专业知识的需求，制定并推行短期培训班、工作室等教学模式。同时根据市场的需要，不断地进行动态升级与调整，让劳动者在学习过程中不断掌握新的技术与知识，提高他们的工作能力与适应能力。这种灵活多样的培养方式既有利于劳动者的职业生涯发展，又能推动职业院校改革。通过网络教学和数字化资源的有效推送，职业院校能跨越地域的局限，向广大劳动者提供优质的教学服务，这对促进我国劳动力转移，推动区域经济发展具有重要意义。

（2）专业设置与地方产业紧密联系

职业院校的专业设置要密切关注行业的需要及劳动力流向区域的发展趋势，有针对性地进行调整与优化，以适应地方经济发展的需要。尤其是在工业生产或高科技工业集中的区域，职业院校要注重技术的发展，有针对性地开设面向未来技术发展的前沿课程，以满足当地对高质量技术技能人才的需要。同时，职业院校也应该结合当地的特点及自身的实际情况进行专业设置，以推动当地的经济发展和产业的转型升级。通过与当地企业和行业的密切联系，职业院校既能为学生创造良好的实习体验，又能使教学与企业的现实需要更好地结合，增强教学的针对性和有效性。只有密切关注当地产业的发展，才能满足就业市场对人才的需求，从而推动区域经济的可持续发展和工业结构的优化升级。

（3）强化学生的就业辅导与就业服务

强化学生的就业辅导与就业服务是实现学生自主创业的重要途径。要重点关注农民工这一特殊群体在新形势下的就业需求，提高农民工的就业能力与适应能力。为此，职业院校应建立起与企业密切关联的协作机制，让学生在实践中得到提升技能的机会，从而达到产、学、研的无缝衔接。此外，职业院校还必须构建起一套完善的职业生涯服务系统，既包含职业辅导，也包含市场趋势分析、技能培训、个人生涯规划指导等内容。该系统能够为劳动者提供全方位、个性化的职业发展支撑，使其能够在瞬息万变的职场环境中找准自己的定位，从而获得职业生涯的可持续发展与自我价值的最大化。加强职业院校与企业的协作，既能为学生创造更多的实习与工作岗位，又能使教学内容更加贴近企业的工作需要，增强了人才培养的针对性和有效性。通过构建与企业的协作机制，可以帮助职业院校更好地满足人才的迁移需要，提高职业院校的办学水平。

（4）推进区域间的教育资源共享

推进区域间的教育资源共享是推进教育资源合理配置，以及实现教育平等的关键所在。构建区域间的职业教育资源共享机制，可以促进优质的教育资源在更大的地理空间上高效使用，尤其是通过科技方式将优质的教育资源倾斜给经济欠发达地区，促进其教学水平和人才培养水平的提升。为此，职业院校必须利用网络教育平台和远程教育系统等现代化的信息技术，突破地域限制，实现教育资源的共享。通过教育资源共享，可以为不同区域的学生带去优质的教学资源与交互式的学习体验，从而推动知识与技术的普及。同时，构建跨地区职业教育协作网络，有利于实现职业院校间的信息、资源共享。构建网络化的教学体系，有利于教学方法、科研成果、人才培养等方面的交流，可以助力我国经济的可持续发展，缩短与发达国家之间的距离。要想实现教育资源共享，就需要有相应的政策支撑与机制保障。通过制定相应的制度，促进各区域间教育资源的共享与流通，同时制定相应的监督与评价体系，以保证教育资源的高效利用。在此基础上，还要有一系列的保障机制，以达到合理配置教育资源、推动教育平等、促进区域经济与社会协调发展的战略目标。

只有这样才能更好地解决我国农村劳动力流动转移过程中存在的实际问题，从而更好地服务农民工的现实需求。这不但有利于农民工个人的发展，而且可以为区域经济平衡发展、维护整个区域的和谐稳定奠定良好的基础。在职业院校进行适应性变革，能够迅速响应劳动力市场的变化，高效分配教育资源，为促进区域间的经济与社会和谐发展提供有力支撑。通过上述举措，可以有效推动职业院校办学体制的优化与提升，有利于营造更为广阔、包容的办学氛围。通过素质与能力的全面提升，不同层次的劳动者将获得更大的发展空间。同时，通过推进区域间的教育资源共享，可以有效推动职业院校的人才流动与优化，促进区域经济的发展。在当前的就业形势下，对职业院校进行适应性变革，既能解决农民工的现实需要，又能促进区域经济的长期发展，从而维护区域社会的和谐与安定。

5.4 职业教育需要适应区域产业发展和技术变革的需求

5.4.1 培养方向适应区域产业发展的需求

区域经济和产业发展的成熟度对职业院校的发展有着深刻的影响，随着高技术行业的迅速发展，尤其是信息技术、生物、电子等行业对技术人员的需求量急剧上升，社会对职业教育的要求不断提高，职业教育应不断进行相应的改革，从而为社会发展提供高质量的应用型人才。在这个过程中，职业院校必须紧密结合当地的经济形势与行业变化，保证教学内容的时效性与关联性。面对人工智能、机器学习、大数据分析等新技术的出现，职业院校要迅速响应，开发面向区域产业发展的新课程，提高学生的综合素质。以东部地区为例，结合我国东部地区的国际化特征及开放水平，职业院校应进一步深化国际合作与交流，引入全球最先进的教学方法与教学理念，提高办学水平和国际竞争力。在我国东部沿海地区，职业院校要发展，就要适应行业发展的要求，同时要有超前意识和国际化眼光，通过课程的革新和教学的变革，使学生适应时代需求。只有这样，职业院校才能更好地服务地方经济发展，为区域的产业结构调整提供强有力的人才保障。

在全球经济转型与科学技术不断发展的背景下，我国产业结构的转型升级已是大势所趋，职业院校在这一过程中扮演着举足轻重的角色。随着人工智能、新能源、新材料等新兴行业的兴起，职业院校需要适时地进行专业调整和课程改革。这就需要引入与上述行业有关的新专业、新课程，并进行教学方式的变革，如开展项目学习、强化实践培训、推行企业岗位实习，以此提高学生的实际操作水平和创造能力。在此期间，职业院校应与科技发展同步，将尖端科技与教学相结合，以提高学生的科技敏感度与创造力。此外，职业院校应加强与企业的联系，保证开设的课程与企业的工作需要密切相关，使学生能够进行有针对性的实习，从而增强他们的就业竞争力。职业院校还需要对教学方法进行持续地研究与改革，如采用网上课程、远程教学等多种形式，以满足学生多层次、宽范围的学习需要。

职业院校要适应行业的迅速发展，就必须与企业紧密结合。通过校企合作、协同发展，保证所设课程与企业的现实需要密切联系，从而更好地适应社会发展的需要。与企业密切协作，既能及时获取最新的产业资讯，又能让教学内容更贴近工作情景，提升学生的专业能力和就业适应能力。职业院校要密切关注行业发展动态与科技创新，适时地进行课程设置与内容修订，确保学生可以了解最新的科技及观念，为将来的职业生涯打下良好的基础。同时，职业院校还要采取多种方式，积极开发数字化教学资源，并对这些资源进行模块化组合，为不同的学生提供符合他们需求的混合式教学。职业院校还可以通过采用以真实工作项目为导向的教学方式，让学生在真实的项目实践中掌握并运用所学到的新知识，提升他们解决问题的能力，并逐步养成创造性思维。这种教学方式不仅能提升学生运用所学理论和技能的能力，而且对其今后工作能力的提升也有重要的指导意义。

5.4.2 培养方式适应技术进步和产业升级的需求

在新一轮的科学技术变革和产业革命深入发展的背景下，数字技术正从根本上改变人类社会的思维模式、组织结构和运行模式，为人类探索创新路径、重构发展格局、推动经济社会发展带来了空前的契机。在当今高速发展的社会背景下，数字化转型、自动化生产，以及人工智能等技术的普及，使我国的产业格局与劳动力市场格局发生了巨大变化，这也成为我国产业升级和经济发展的新趋势。随着科技领域的不断突破，人们对高科技人才的要求越来越高，而某些传统技能则显得越来越不重要。尤其在数字化变革的过程中，劳动力市场迫切需要具备信息技术、数据分析能力的专业人员，同时也需要能够实现多个学科融会贯通的复合型人才。例如，在自动化制造环境中，一线操作技术人员必须掌握更加全面的生产运作管理技术，包括对机器的运行、维修和监控。为了满足科技发展和市场需求，职业教育必须适时地进行课程内容和教学模式的改革，采用更为灵活多变的教学方式和教学方法，以适应产业发展对高素质技能人才的新要求。这既需要对课程的内容进行及时的动态调整，又需要对教学手段进行改革，如通过项目式学习、网上虚拟实训等手段来提高学生的实践技能，培养学生的创造性思维，这样可以使职业院校更好地适应行业发展的需要，从而培养出符合我国经济高质量发展要求的复合型技术人才。

（1）加强教学改革

职业教育要主动适应产业发展的最新动向，不断进行教学改革，以适应科技发展的需要。例如，将云计算、大数据分析、人工智能应用等多个新的研究方向融入教育体系之中，使学生能够较好地理解和把握最新科学技术的发展趋势和关键知识。新课程内容的设计要建立在对产业需求深入剖析的基础上，对将来的就业趋向有一个精确的预测，这样才能保证教学内容的前瞻性与实践性。为了达到这一目的，职业院校应与工业企业进行密切协作，通过资源共享、课程内容联合开发，将真实的工作情景与最新的技术应用结合起来，使学生在学习过程中能够直观地感受到产业的前沿科技动向和真实工作情景。此外，职业院校还应积极参与或举办各种行业论坛、研讨会，通过这种方式让教师和学生对行业的最新发展和科技创新进行实时地掌握和学习，同时帮助教师对自己的教育理念和教学方法进行持续的改进和完善，使其更加符合市场和科技发展的需求。通过这种动态的课程更新机制，职业院校能够有效地提高学生的终身学习能力和对产业环境的适应性，为其在未来日益激烈的人才竞争中奠定坚实的专业基础，从而获得竞争优势。

（2）采取项目化教学法

项目化教学法是通过创设与现实工作情景接近的工作项目，帮助学生在实践中学会并应用最新的科技与技巧。项目化教学法的中心思想是把理论和实际操作联系起来，通过对项目或工程的设计、实施和管理，使学生对课堂上所学的知识拥有更深刻的认识，并将其运用到实践中去。项目化教学法既可以提高学生的实践能力，又可以使学生在完成项目的过程中遇到各种复杂问题，锻炼他们的创新思维、团队合作能力和解决问题的能力。总之，项目化教学法是一种具有高度交互性和动态性的教育方式，可以提高学生的能力，为他们将来的工作奠定良好的能力基础。因此，职业院校应主动采用项目化教学法，根据企业的实际需求开设符合企业生产实际的课程，使课程内容与企业现实工作岗位所需的知识、能力、素质紧密结合起来。

（3）加强校企深度融合

职业院校通过与企业的联合，根据企业的实际需求，设计出适合于企业的专业课程，为学生提供实践机会，让学生可以直观地了解业界的前沿技术和知识，既可以加深对所学理论知识的掌握，又可以提高动手能力和解决问题的能力。加强与企业之间的联系，可以使企业真正参与到学校教学内容的调整工作中，保证学生所学的知识能够紧跟产业的发展，并能体现市场的需求。此外，企业还可以给学生提供实践机会，或者让企业参与到对学生的评价和辅导工作中，从而使学生在求学期间始终保持与真实的工作情景相结合的状态，这样可以有效增强学生毕业后的职业竞争力。通过加强校企深度融合，职业院校可以对产业发展趋势，以及企业的特殊需求进行准确把握，进而对办学方向和教学计划进行相应的调整，使得教学内容和教学方式与企业和产业的实践需求相匹配。通过职业院校与企业的交流与协作，形成一种双赢的良性循环，实现教育与产业的高效融合。

（4）持续开展教师培训

为保证行业发展过程中最新的知识和技术得以有效传播，需要对职业院校的师资队伍开展持续性的培训。持续性的师资培训不但可以促进师资队伍的成长，还可以促进其教学方式的革新，从而实现教学质量螺旋式的提升。职业院校应经常安排教师出席学术讨论会及业界座谈会，以了解业界发展动向及科技进步情况。同时，职业院校也可以让教师到企业中去做短期岗位见习，从而对目前产业的现实需求及相关技术规范有一个直观的认识。此外，职业院校应充分利用网络资源和网络教学平台，为教师提供较为灵活的学习方式，让他们可以在下班后自己进行知识更新，保证自己的教学能力和教学水平始终与产业发展相适应。职业院校师资队伍建设是职业院校教学改革的一个关键环节，只有让教师保证这种持续性的学习，职业院校才能更好地满足科技发展与产业转型的需要，从而培养出更具竞争力的应用型人才。

5.5 职业教育需要适应社会发展的需求

5.5.1 适应人口老龄化和城镇化带来的需求

随着我国经济与社会的发展，职业院校面临着越来越多的问题。目前，我国人口老龄化趋势日渐明显，使得对保健服务业，如护理、康复等方面专业人员的需求量不断上升。为此，需要对职业院校的课程进行改革与优化，加强对老年保健、康复保健等方面的人才培养，适应劳动力市场变化的新需要。同时，职业院校应拓宽服务范围，从单纯的技术培训转向服务于老年人的终身学习和职业技能的升级，帮助老年人群体更好地应对社会和经济发展的变迁。此外，职业院校还应在课程设置方面进行改革，如开设老年心理学、老年医学等课程，加强学生对老年人群体的认识，同时为各年龄层的学生提供个性化、多元化的学习与训练计划。

随着城市化的发展，城镇规模不断扩大，对职业教育的发展也提出了新的要求。随着城市居民生活水平的不断提升，城市服务业得到了迅速发展，使得对酒店管理、城市规划、环保、文化娱乐等行业的人才需求量不断上升。此外，资讯科技已成为都市日常生活的基石，产生了大量对高层次人才的需求。因此，职业院校必须对新形势及时做出回应，开设与都市服务和资讯科技相关的学科，以培养符合城镇化发展需求的高质量人才。职业院校要增强与产业对接的能力，深刻把握市场需求，及时对课程内容和教学方式进行调整。此外，职业院校还应重视智慧城市、绿色经济等新型城市经济和社会发展模式，开展有针对性的人才培养，既可以为我国城镇化建设提供强有力的人才支撑，又可以推动我国城市的可持续发展和整体竞争力的提升。

在我国经济飞速发展，特别是在我国面临着人口老龄化、城镇化等重大变革的形势下，职业院校应积极应对，根据时代发展的要求，在教学方式、教学内容等方面进行适当的改革，为国家和地区提供高素质的应用型人才。在这个过程中，职业院校的作用不再仅仅是单纯地为学生提供技能训练，而是作为促进经济与科技发展的关键力量提供全方位的社会服务。

5.5.2 适应社会服务需求增加的要求

当前，我国的社会服务业呈现出蓬勃发展的态势，特别是在旅游业、医疗保健、养老等方面。新兴产业的迅速发展，对职业院校的专业建设提出了新的挑战。例如，随着生活质量的改善，人们开始喜欢在闲暇之余外出旅行，于是旅游业逐渐发展起来。这种发展态势就要求职业院校增设旅游管理、导游等相关专业，培养具有较高素质和能力的旅游服务人才。又例如，我国的医疗服务业正面临着人口老龄化、全民健康观念增强等新形势，迫切需要更多的医疗保健服务方面的人才。为了更好地适应医疗保健业发展的需要，职业院校需要适时增加护理、康复治疗和医疗技术等专业。同时，在人口老龄化的背景下，养老服务业也将在服务业中占据更大的比重，因此职业院校需要增加养老服务管理、老人医护等方面的专业课程，以培养更多的养老服务人才。总之，为了满足各类社会服务业对人才的需求，职业院校需要主动开设新专业，开发新课程，加强与产业的密切联系，加强对学生实践技能的训练。通过上述举措，职业院校能够更好地与社会服务业相结合，为国家和地区提供更多的高素质应用型人才，为区域经济建设和可持续发展做出贡献。

（1）开发跨专业课程

开发跨专业课程是职业院校为应对服务业多样化和复杂化而采取的一项重要战略。随着现代服务业对专业技术和专业能力的要求越来越高，对应用型、复合型专业技术人员也提出了新的要求。例如，把旅游经营与数字化营销、医疗服务与资讯科技等整合在一起，在教学中通过课程内容的整合和教学手段的创新，提升学生在多个专业层面的复合型技巧与创造力，让学生具备更宽广的知识面和更多元化的技巧，以及更好的应变能力与创新能力，从而应对未来多变的工作情景。通过对复合型人才的培养，职业院校可以为国家和社会提供更多符合社会服务业多元化发展需要的应用型人才。

（2）强化实践教学

由于服务业具有实践性、交互性等方面的特点，职业院校迫切需要加大实训课程的力度，以适应企业和消费者对多元化服务技能的高需求。职业院校通过开展实习、模拟演练等实践环节，多维度、全方位地提高学生的实践能力和服务意识。通过科学设计实践教学环节，增加实训教学的比重，可以更好地培养学生的动手能力和解决问题的能力，帮助他们获得更全面、扎实的实践工作体验，使学生更深刻地了解企业的需求与工作准则，为今后更好地适应工作环境打下良好基础。

（3）加强与行业合作

深化职业院校与服务业企业的协作，是提高职业院校办学水平的关键。通过与企业联合进行课程的设计与开发，可以保证教学内容与产业的现实需要密切联系，增强教学的针对性和实效性。同时，企业的介入可以使学生更好地了解企业的实际工作情况，了解行业发展趋势，使得毕业生在未来的职场中有更多的选择和发展方向。同时，这种产学结合的方式可以使学生在求学期间提前感受企业或行业的文化内涵，获得更有针对性的实践工作经历，从而提高他们的工作竞争力和职业发展潜能。强化职业院校与产业之间的密切联系，既可以提升职业院校的教学效果，还能够为服务业培养更多符合未来发展需求的专业人才。

（4）继续教育与培训

对于已经在服务业中就业的人员，加强后期的进修和培训非常重要，只有这样，才可以使他们不断进行知识体系与能力的更新，迅速适应产业的变迁，进而提升就业能力与事业发展潜能。继续教育与培训必须与产业的发展方向相适应，以保证所培养的人员在知识和技能方面具备前瞻性和适用性，以适应产业变化对高素质人才的需要。通过继续教育与培训，企业员工可以始终把握业界发展趋势，始终保持较强的工作效能和创造能力，可以为企业员工今后的事业发展开辟新的方向。持续学习与技术训练不仅关系到个体的发展，还关系到整个服务业的发展与创新。职业院校应与行业和企业携手合作，共同开发继续教育与培训课程，为服务业从业人员提供更多成长和发展的机会。

5.5.3 适应文化多样性和社会融合的要求

在全球经济一体化大背景下，我国迎来新的发展契机的同时，也将面对来自不同国家和地区文化差异的挑战。在这个过程中，职业院校起着非常关键的作用，通过开展教学活动，培养学生对不同文化的了解与尊重，提高他们的国际交流水平。职业院校应进一步研究不同文化的内涵，并将其中的积极因素融入我国的经济和社会发展中。

（1）跨文化交流项目

职业院校应制定并推行国际间的学生交换计划，让学生有更多的机会去了解和感受不同的文化。通过跨文化交流项目，学生可以进一步加深对多元文化的理解与尊重，不但可以开阔他们的眼界，还可以提高他们在国际职场上的适应性与竞争力。

（2）多语种教学

职业院校应将多种语言的教学内容纳入教学活动中，精通多国的语言和文字既是一个职场必备技能，也是一种培养学生跨文化交际的有效手段。通过多语言教学，可以使学生对不同的语言文化和交流习俗产生更为深刻的认识，帮助他们更好地适应国际化的工作环境。

（3）人文素养教育

职业院校应以人文素养的培养为中心，突出人文素养的教学地位和作用，开设相关课程，使学生可以更好地了解不同的文化内涵，以及如何在不同的文化背景下更好地适应社会。通过开展人文素养教育，不仅可以提高学生的综合素质，还可以增强其对国际环境的适应能力。

（4）社会实践活动

通过开展不同类型的社会实践活动，不仅可以帮助学生将所学的理论运用到实际工作中去，还可以帮助他们提高在处理社会问题，尤其是处理跨文化问题时的应对能力。通过开展社会实践活动，不仅可以提高学生的社交技巧，还可以让他们更好地了解和尊重不同国家的社会习俗。

第 6 章　我国职业教育供给侧现状及存在的问题

6.1　我国职业教育供给侧现状

职业教育是我国国民教育的一种重要类型，既是促进国家和地区发展的主要动力，又是提高全民族综合素质的一种有效手段。职业院校是联系经济发展和劳动力市场的纽带，对培养高技能人才、促进就业、支撑区域经济发展具有重要意义。随着我国经济的快速发展，职业院校的办学规模不断扩大。以高职院校为例，如今我国的高职教育已初具规模，有 1300 多个专业，12 万多个专业点，遍布国民经济的每一个行业，为我国的工业化、现代化建设奠定了强大的人才基础。如此多的专业门类，使得我国的职业教育在世界上独具特色，在我国由制造业大国向制造业强国转变的过程中发挥了重要的促进作用。

在全球竞争日益激烈，经济一体化进程不断深入的背景下，职业院校在我国教育行业中的地位越来越重要。数字经济、绿色能源、人工智能等新兴行业的发展，对职业院校的培养目标提出了新的要求。为此，职业院校必须加强与企业的协作，加强教学内容、教学方式等方面的改革，为学生提供符合当今经济发展和劳动力市场需求的优质教学服务。

职业院校应结合产业结构与工业发展的需求，积极开设以高端制造业为代表的新型专业。2021 年，国家颁布了新的职业教育专业目录，第一次对中职、高职专科和高职本科的专业进行了总体优化设计，共设立 19 个专业大类、97个专业类、1349个专业，调整率达60%以上。统计数字表明，在现代制造业、战略性新兴产业及现代服务业中，有超过70%的新就业岗位来自职业院校。因此，职业院校应进一步健全高职院校的办学体制，加强产教结合和校企合作。近10年来，国家先后颁布和执行了一系列制度和政策，开展了现代学徒和产教融合的试点工作，构建了政府主导、行业引导、企业参与的教育模式。

截至目前，我国已经成立了1500多个职业教育集团（联盟），其中包括企业、院校、行业和科研机构在内的超过4.5万个成员单位，建立起了资源共享、责任共担、合作发展的新格局。在全国范围内，已有3000余个产教融合型企业和21个产教融合型城市，形成了以城市为节点、以产业为支点、以企业为核心的产教融合新格局。从政策导向、资金投入和制度改革等3个层面来看，国家对职业院校的扶持一直在持续加强。政策方面，《国家职业教育改革实施方案》等一系列规划与政策的出台，为职业院校的改革和发展指明了前进的道路。经费方面，国家加大了对职业教育的直接投入力度，并且鼓励社会资本参与职业教育，拓宽了职业教育的资金来源，增强了职业教育的发展活力。制度方面，制度改革是实现职业院校教学资源高效分配与使用的重要保证，教育管理体制改革是我国职业院校改革发展的必然趋势，这种变革有利于突破传统的内外部束缚，使职业院校能够更好地满足经济与社会的发展需求，为工业升级和科技进步提供强有力的支撑。

随着国家对职业教育扶持力度的加大，职业院校的办学规模也在逐年扩大。通过政策导向、资金投入、制度改革等措施，职业院校可以更好地适应经济和社会发展的需要。

6.2　职业教育资源分配

由于不同区域的经济发展程度存在差距，我国职业院校间的资源配置呈现出明显的不均衡性，在师资力量、教学设施和设备、资金投入等方面的不均衡现象尤其突出，这在一定程度上制约了我国职业教育整体办学水平与办学效益的提升，也导致区域间职业教育水平的差距进一步扩大，从而制约社会的整体发展与进步。

在师资力量方面，不同区域间的差异非常显著。拥有较多实践经验且具备较高教学水平的师资力量更多集中在经济发展较快的区域，相比之下，地处边远地区的职业院校往往存在师资力量不足的问题。在教学设施和设备方面，经济发达地区的职业院校一般都能够给学生提供良好的教学与实习条件，形成鲜明对比的是贫困地区的职业院校由于缺乏经费，很难对教学设施和设备进行升级与维修，这极大地制约了学生实际操作能力的提高。我国职业院校师资力量与教学设施和设备的不均衡状况，折射出当前职业教育资源配置中存在的深层次问题。要想解决这些问题，就需要通过政策指导和资金扶持，让优秀的教师到贫穷地区去，同时增加贫困地区职业院校教学设备的资金投入，实现教育资源的均衡配置，保证每个区域的学生都能享有优质的职业教育。

资金投入是评价职业院校办学水平高低的重要指标，一所职业院校是否有足够的办学经费，将关系到学校的办学水平和办学质量。目前，国家的教育投入在不同区域呈现出显著的不平衡性，一些经济比较落后地区的职业院校经常遇到经费短缺的问题，很难满足自身发展和基本教学的需要，这既制约了对教育资源的高效使用，也使各地职业教育发展的差距进一步拉大。为此，必须在国家层面上加大对职业教育的总体投入，对于经济落后、财力匮乏的区域，要给予专门的支持和补助。另外，还可以探索多种筹资方式，引导社会资本进入职业教育领域，形成政府和社会共同参与的局面，从整体上提高我国职业院校的办学水平和办学效益。

6.3 职业教育质量与特色

职业教育可以有效促进区域经济和社会的发展，带来更多的就业机会。随着我国经济发展进入新常态阶段，我国产业结构的转型也在不断深入。目前，我国职业院校的办学水平整体上有了很大的提高，尤其是通过强化教师队伍建设、改革课程体系、深化校企合作，职业教育在我国国民经济发展中的推动作用愈发明显，但也存在着许多问题与困难。从教师数量上看，虽然职业院校的教师数量逐年增长，但高层次职业院校的师资力量却比较匮乏，尤其在某些高新技术产业中，这种现象尤其严重。另外，一些经济欠发达地区的职业教育师资力量严重短缺，而且与经济发达地区职业院校的教师相比，经济落后地区职业院校的教师在专业知识、工作经历等方面存在很大差距，从而制约了学校整体办学水平的提升。在课程体系的变革过程中，很多职业院校进行了积极探索，努力提升学生的实践操作技能和创造性思维，引进了一些新型的课程和教育方式，但是仍然存在着一些与市场需求相背离的现象。如今我国职业教育的人才培养模式亟待改进和优化，尽管在校企合作的过程中形成了很多能够切实提高学生实践操作技能和就业能力的经验和模式，但是这些经验和模式并没有得到普遍推广，部分经济欠发达地区的职业学院由于企业参与的积极性不够，其校企合作的深度和广度还需要进一步提高。

要想提高职业院校教师的素质，关键是加强教师队伍的建设和发展。优秀的师资队伍不仅要具备扎实的专业知识和娴熟的操作技能，还要拥有良好的职业理念和崇高的职业道德。为此，必须有针对性地强化师资队伍的建设，如组织教师定期参加各种职业能力培养计划、主动引导教师到企业中去实习、建立科学的教师成长培养体系等。此外，要提高职业院校的教学水平，也离不开课程体系的持续更新。随着我国经济的高速发展和科技的不断进步，企业对人才的要求也在发生着改变。职业院校的课程体系要能根据劳动力市场的需求，适时地进行优化和完善，这既需要职业院校与企业和行业保持密切联系，对行业的最新需求和科技发展趋势有深刻的认识，也需要将理论与实践相结合，注重培养学生的动手能力与创造性思维。产教融合是提高职业院校办学水平的一个重要抓手，通过建立校企联合办学模式，使职业院校和企业在课程开发、学生实习和师资再培养等方面开展一系列合作，这样既可以使教学活动更贴近工作岗位的实际需求，又可以促进教学资源和产业资源的有机结合。

职业院校的办学特点是与区域经济发展紧密结合，培养适应市场变化的高素质应用型人才。这种独特的办学特点既表现在课程体系与教学模式的设计上，也表现在对学生终身发展的持续关注与支持上。通过与当地经济发展的高度契合，职业院校既可以根据当地的产业发展和科技创新的需要培养高素质人才，还可以有针对性地开展社会服务。职业院校的课程设置需要具有一定的弹性和超前意识，并主动与当地的企业建立密切的协作，这样才能使职业院校更好地满足当地经济发展的需要。这种教学方式既可以使学生所学的课程内容与产业的最新科技和技能需求相适应，又可以培养学生的动手能力与创新精神。同时，职业教育通过向学生提供实践场所、工作机会等方式，加强了与当地经济发展的联系。此外，职业院校通过有针对性的职业生涯辅导和专业技能训练，可以帮助学生树立清晰的发展方向，既提高了学生的就业竞争力，又促进了当地社会和经济的发展。

6.4 职业教育供给侧存在的问题

职业教育是我国人力资源开发的重要组成部分，通过向学生传授所需的专业知识与实际操作能力，帮助他们树立正确的人生观、价值观，从而对社会的经济发展及个体的生涯发展都起到积极的作用。但随着职业院校的快速发展，其面临的问题也逐渐显现出来，影响了职业院校的办学水平和办学效益，制约了职业院校的进一步发展。

在职业院校的发展过程中，出现了许多与劳动力市场需求不适应的问题，特别是部分具有一定历史底蕴的传统专业，因延续过去的教育方式与教学内容，培养出的学生与实际的岗位需求相差甚远。与此同时，随着科学技术的飞速发展和产业转型，以大数据、人工智能为代表的新兴领域对高技能人才的需求呈现井喷式增长，但目前我国在这些领域的教育培训普遍存在着反应不及时的问题，导致一些新兴领域的高技能人才严重不足。由于职业院校的办学方向与实际的岗位需求脱节，导致职业院校的教学资源没有得到有效开发，同时也给毕业生的未来发展造成了一定的负面影响，并且新兴领域的发展也受到了制约。

虽然近年来职业院校的教学质量一直在稳步提高，学生的整体素质也在不断提升，但是仍存在一些发展方面的问题。例如，一些职业院校还在使用传统的教育方式，缺乏必要的革新与实践；由于实习教学资源匮乏和实习设备不足，导致学生获得实践操作经验受到一定制约。为此，职业院校应从教育体制、教学模式等方面进行变革。首先，职业院校应主动探讨和采用更为现代化和富有创造性的教育方式，如项目式学习、情景模拟等，加强与学生的互动，增加学生的实践操作经验。其次，建设更加完备的实习基地，引入各种现代化的训练设施，保障教学中实训环节的效果，提升教学质量。最后，强化与企业的协作，让学生在学习的同时能够在现实的工作中进行实践，积累实践经验。

我国的职业教育存在着严重的供需矛盾，当前优秀教师、先进设备和充裕经费等优质教育资源在各区域的分配上存在较大的不均衡性，各种资源更倾向于较富裕的区域或国家级、省属重点职业院校，不但导致不同区域职业教育的质量存在较大差别，也阻碍了教育平等与社会的均衡发展。师资力量、教学设施、资金保障等方面的缺乏，既制约着职业院校的办学水平，又制约着职业院校为国家和地区的发展提供更多的服务和做出更大的贡献。为此，应从多个层面推进教育资源的均衡分配。国家层面，第一，应增加对职业教育的投资，通过财政补贴或政策扶持来提升职业院校的综合素质。第二，通过完善资源分配机制，激励并推动更大范围内的优质教育资源共享，如鼓励教师跨区域交流、建立跨区域实训教学中心等。第三，加大职业院校与企业的协作力度，通过企业提供实习设备、技术支持和资金支持等方式，促进职业教育的改革与发展。第四，构建更加合理、公开的资源配置机制，保证不同区域和学校能够各取所需，实现教育资源在不同区域和学校的合理配置。职业教育层面，第一要深化教学体制改革，增强与市场的联系，及时进行专业结构的动态调整与优化。第二要不断进行教学内容和教学方法的改革，全方位提高教学质量。第三要提升和改善实习实训条件，保证学生技术能力的提高。第四要加强与贫困地区职业院校的合作，全面提升职业教育的整体质量。

第7章　区域协调发展战略下我国职业教育面向的重点领域

7.1 服务先进制造业的人才培养

（1）先进制造业对区域协调发展的促进和影响作用

随着我国产业结构调整的深入，高端制造业在我国产业结构中的地位不断提高。发展高端制造业对于提高区域产业的科技创新水平和国际竞争力具有十分重要的意义，同时也是促进就业和提高居民收入的重要途径，还可以促进区域经济的平衡发展。高端制造业能否继续蓬勃发展，取决于能否不断供给高素质的技术技能人才，这便与职业教育的办学水平直接相关。为了满足高端制造业的发展需求，职业院校要加大高端制造业人才的培养力度，保证充足的人才供给。

（2）先进制造业的发展方向和人才需求

随着世界制造业向更高水平的转变和升级，现代制造业正朝着高科技、智能化和绿色化的方向发展。这种新的发展态势既表现在智能制造、数字化工厂、云制造等尖端技术的运用，也表现在对传统制造业的转型与提升上。同时，现代制造业对人力资源的要求也发生了改变，由过去只注重某一种技术的操作型人才，转向注重多学科知识背景、复杂问题解决能力、创新能力和持续学习能力的高技术人才。

为了满足现代制造业的发展需求，我国的职业院校应进行适应性调整与优化。首先，在教学内容上要加强多学科知识的交叉渗透，不但要包含技术与工程方面的知识，还要融入管理、环保、资讯科技等方面的知识，以提高学生的整体素质。其次，在教育手段上要加强实践性与创造性，通过项目化学习、案例分析、企业实习等形式加强对学生动手能力和解决问题能力的全面培养。在提高学生的创造力和学习能力方面，除了有效的课堂教学，还要营造一个开放的学习氛围，让学生主动探索新的知识和技术，并运用到实践中去。此外，职业院校还应加大与行业的合作力度，通过校企合作、产教融合、建设实习基地等方式，与现代制造业的实际需求紧密联系，这样不仅能够给学生提供更多的实习机会，还能保证学校的人才培养目标与行业需要的高度契合。与此同时，政府也要增加对职业院校的投资力度，完善职业院校的人才培训制度，为职业院校的不断改革与发展提供支撑。

总之，为了适应现代制造业对高素质专业技术人员的要求，职业院校应通过教学方式的改革，加强产学研合作，为区域经济的可持续发展奠定坚实的人才基础。这既是我国职业院校改革发展的必然趋势，也是促进我国经济结构调整和可持续发展的必然选择。

(3) 职业教育在服务先进制造业中的角色和任务

为了满足现代制造业对高素质人才的需要，职业院校必须在课程设置、教学方式和教师队伍建设等方面进行一系列的调整与优化。

第一，要强化与企业的密切协作，使教学内容与行业需求实现无缝衔接，以提高教学的品质与成效。通过与企业的合作，制定出既满足当前产业发展的要求，又能够提高学生动手能力和解决问题能力的教学方案，是职业院校教学改革的重要内容。这样既可以保证学生掌握前沿的知识与技术，又可以帮助学生在实践中累积经验。

第二，职业院校要适应高技术产业发展的特征，对教学方式进行改革与调整。随着社会经济的快速发展，就业市场对人才的要求也在不断提高。通过采取项目式学习、翻转课堂、模拟仿真等多种先进的教育手段，职业院校可以有效地调动学生的学习积极性，帮助他们养成独立学习的习惯，并逐渐具备创造性思维。

第三，教师队伍建设是职业院校教学工作的重要保障。为此，职业院校应注重引进和培养一支具备较高素质的师资队伍。职业院校可以通过与企业协作，引进业内的专业人士，同时对在职教师进行继续教育和培训进修，帮助他们优化知识架构，改进教学方法。

总之，为了适应现代制造业对高端人才的要求，职业院校必须进行一系列深层次的变革与优化，包括与企业的密切协作、进行课程研发、运用现代教学方式、建设高素质的师资队伍等，为先进制造业的发展输送更多的高技能人才，从而促进产业和经济的可持续发展。

7.2　助力乡村振兴中的人才振兴

（1）乡村振兴对区域协调发展的促进和影响作用

乡村振兴战略既是国家层面的战略，也是统筹推进城乡发展的重大举措，其目标是推动城乡地区的和谐发展，以达到缓解城市与乡村发展不平衡的效果，为乡村发展提供新的生机和动力。在推进乡村振兴的过程中，职业院校在为农村建设提供高素质人才方面起到了至关重要的作用。农村建设所需的高素质人才是促进我国农村经济转型和农村社会可持续发展的重要支柱，既要掌握某一行业的专业技术，又要有创新意识、动手能力和团队协作能力。为此，职业院校不仅要加强学生动手能力和创造意识的培养，还要与政府和产业协作，通过课题研究、实际操作等方式，为广大农村学生创造更多的实践操作空间和岗位培训机会。

（2）乡村振兴战略的主要内容和目标

乡村振兴战略作为我国深化农村改革、实现农业农村现代化的重要举措，旨在全面提升农业竞争力、农村可持续发展能力及农民生活质量，从而推进我国从农业大国向农业强国的转变。这一战略的主要内容和目标围绕着以下几个关键方面展开。

第一，发展现代农业。通过推动农业科学技术的革新与运用，使农业的生产率和品质得到提升，发展能够满足国际、国内市场及广大消费者需要的精细农业、智慧农业，从根本上实现我国农业的转型升级。

第二，推动乡村经济结构调整。以各种形式和方法推动乡村产业的多样化发展，并在乡村地区大力发展第二、第三产业，特别是乡村旅游、特色手工艺、农产品深加工等方面，从而提高乡村地区的整体经济水平。

第三，完善乡村公共服务。完善交通、水利、电力、信息网络等乡村公共服务，提高教育、卫生、文化等公共服务的覆盖范围和品质，缩短城乡之间的差距。

第四，推动农户的收入不断增加。采取各项举措，帮助农户多渠道、多形式增收，从而改善生计和收入水平。

(3) 职业教育在服务乡村振兴中的任务和作用

在推进乡村振兴战略的过程中，职业教育扮演着重要的角色，为推广农业技术、加工农产品、发展乡村旅游和电子商务提供了坚实的人才支撑和技术服务支撑。职业教育通过专业化、多元化的专业课程，使农民的生产技能和整体素质得到了提高，同时也推动了乡村工业结构的优化与升级，为乡村的多元化发展提供了新动能。另外，农业科技普及教育也应该是一门主要的专业课程，通过传授智能农业、生态农业等现代化农业科技，帮助农户提升农产品的产量与质量，进而提高农业收入。通过这些方式，既可以使农户掌握先进的农业生产技能，又可以帮助他们运用现代化的资讯科技来推销农产品。此外，农产品加工方面的培训课程可以使农户掌握将传统农产品转变成高附加值产品的相关知识与技术，使农产品的市场价格和农户的增收能力得到显著提高。通过掌握农产品的深加工、包装、品牌营销，农户可以根据不同的需要发展多元化的农产品，提升农业产业链的价值。同时，通过开设乡村旅游、电子商务等专业课程，可以为我国乡村经济的多元化发展开辟一条新途径，乡村旅游可以为乡村经济的发展提供新的经济增长点，电子商务可以扩大农产品的销路，推动乡村经济的现代化发展。

7.3　面向现代服务业的人才培养

（1）现代服务业对区域协调发展的促进和影响作用

随着经济的高速发展和人民生活水平的不断提高，现代服务业已经逐渐渗透到了国民经济的各个环节，这对促进经济增长、提高人民生活质量、促进就业、改善民生有着重要的作用。尤其是随着城市化的不断推进，以及消费升级的势头越来越明显，金融服务、信息技术服务、文化创意服务、健康养老服务等众多现代服务业在给地区的经济增长带来新动能的同时，也给人们带来了更为丰富的生活体验，提升了人们的生活质量。在我国经济结构不断调整与提升的背景下，服务业在区域经济发展中的作用越来越明显，对推动我国的经济发展与就业起到了越来越重要的作用。随着服务业的迅速发展，以服务业为中心的新行业、新岗位不断涌现，对岗位人才的要求也越来越高。职业院校要想更好地满足服务业对岗位人才的要求，就必须加强与产业的结合，采用校企合作等方式对教学内容进行及时调整，将教学活动与产业需求有机结合起来，保证人才培养目标和方向与服务业的实际需求密切相关。

（2）现代服务业对职业教育的要求

随着现代服务业的发展，职业教育面临着新的要求与挑战，劳动力市场急需一批新的服务业专业人才，既要有能力适应迅速变化的市场，又要有先进的科技知识和服务技能，还要有较高的职业道德和较强的创造力。现代服务业对岗位人才的需求主要包括以下几点。

第一，知识和技术密集。在信息技术快速发展的今天，现代服务业对高科技背景下具有相关专业技术的高素质人才的需求日益增加，具体要求是具有扎实的专业知识和娴熟的专业技能，这就需要职业院校有针对性地建设与产业发展相关的课程体系。

第二，服务模式多样化。随着社会经济的快速发展，现代服务业的服务方式开始从原来的面对面向线上转变，朝着网上和共享等方向发展，这就需要职业院校在课程内容和教学方法上重新进行设计和安排，注重对学生交叉能力的训练。

第三，市场需求个性化。如今消费者的需求日益多样化，对服务质量提出了更高的要求，这就需要职业院校对学生进行创造性思考、问题求解等方面的培训，从而提升学生的综合能力。

（3）教育质量提升和人才培养模式创新的策略

为了提高教学水平，适应现代服务业发展对高层次专业技术技能人员的要求，职业院校应采用创新型的教学方式。

第一，强化产教融合。通过加强产教融合，可以更好地促进职业院校的发展。职业院校通过与企业的密切联系，可以为学生创造大量的实践工作岗位，营造更多的实习实训场所。这样既可以使学生更好地掌握所学到的理论知识，又可以提高他们的工作技能，增强职业竞争力。

第二，采用项目驱动学习和案例教学。项目驱动学习和案例教学旨在通过对真实问题和工作的剖析研究来提高学生的自主学习能力与创造性，通过以实际问题为导向的项目或案例，使学生不仅可以运用所学的理论知识分析问题，还能体验流程改造、团队合作等真实训练，从而提升学生的综合能力。

第三，加强师资队伍建设。高素质的师资队伍是提升教学品质的基础，因此职业院校应建设一支具备较强专业能力和丰富工作经验的师资队伍，一方面保证教学课程的先进性和实践性，另一方面让学生通过与优秀师资的接触，更加认可未来所从事的职业。

第四，注重跨领域技能的培养。现代服务业的发展对高素质综合型人才提出了更高和更具体的要求，职业院校应提倡和实践跨专业或交叉学科的学习，如把信息技术、外语能力、市场营销等内容与专业课程结合起来，这样既可以提升学生的整体素质，又可以提高他们的应变能力。

7.4　助力绿色经济人才培养

（1）绿色经济对区域协调发展的促进和影响作用

绿色经济是传统工业经济形态进行重大转变后的一种经济模式，其核心思想是既要保证经济的可持续发展，又要对生态环境进行有效的保护，以达到经济和环保的双赢。绿色经济对于实现区域和谐发展有着深刻的意义，既能高效地使用资源，又能实现生态系统的循环利用，同时也能极大地提高人们的生活品质，为区域经济的可持续、健康发展提供新的增长点。绿色经济战略要求岗位人才既具备高素质的专业技能，还要具有环保意识和环保工作技巧，可以将环保的理念和要求融入工作之中，促进经济活动的绿色化。在这种形势下，职业院校需尽快适应新需求，提供符合要求的高素质人才。

（2）绿色经济对职业教育的影响

在绿色经济快速发展的背景下，职业院校面临着课程内容更新、师资队伍建设、实践教学改革等问题，需要为培养具有科技素养和环境保护能力的复合型人才做出及时的调整。这就需要在职业教育体系中引入环保要素，并对教师进行专业培训。此外，职业院校应通过与环保行业和企业进行深度协作，为学生创造实习实训机会，提高学生的动手操作能力和创造能力。同时，职业院校应提倡交叉学科的学习，将环境科学、工业工程和管理学等多学科融合起来，通过网络平台、虚拟现实等新兴科技手段对教学方式进行改革，为学生提供更多的学习资源和仿真练习情景。

（3）职业教育服务绿色经济人才培养面临的任务和挑战

在服务绿色经济人才培养方面，职业院校的主要任务包括：根据我国绿色经济的发展需要，对课程内容进行调整；通过对实践教学进行改进，提高学生的动手能力和解决问题的能力；加强师资力量建设。目前，职业院校在服务绿色经济人才培养方面面临的挑战主要包括经费不足、缺少先进的教学设备和优质师资，以及我国的职业教育体制改革滞后于我国工业发展的需要，造成职业教育与市场需求的错位。面对这些挑战，职业院校不但要在教学内容和教学方式上进行持续的改革，还要加强与政府和企业的合作，通过资源整合、政策扶持和推广宣传等手段促进绿色经济人才的培养。

(4) 促进绿色技能培训和教育创新的方法

职业院校要想更好地服务于绿色经济的发展，就必须采取多样化的措施来推进教育教学改革。

第一，要强化政策的扶持，这就需要国家制定相应的政策，引导学校和企业密切协作，开展绿色课程和训练计划，保证教学内容的可行性和前瞻性，同时帮助学生在实践中获得环保工作的真实体验，增强他们对环保技术的认识。

第二，充分利用网络教学、虚拟模拟等先进的科技手段，拓宽学生环保技能培养的渠道，运用多种教学方法，打破时间、空间等因素的限制，将教学过程与现实工作情景相结合，提升教学效果。

第三，构建绿色技术证书制度，这也是提升我国绿色技术人才认同度与吸引力的重要途径。通过学习和培训获得绿色技术人才证书，既可以指导学生的职业生涯规划，又可以帮助企业发现所需的环保技术人才。

第四，在课程体系中融入跨专业、多学科的交叉内容，以培养全面发展的环保技术人才。绿色经济的发展涉及环境科学、工程技术、管理学等多个学科，通过开展跨学科内容的教学和实践培养，既可以开阔学生的眼界，又可以提高他们处理环境问题的能力。这既需要职业院校自身的努力，也需要政府、企业及社会各方面的积极配合与参与。

7.5 服务数字经济人才培养

(1) 数字经济对区域协调发展的促进和影响作用

在新时期，数字经济已成为推动区域协同发展的核心要素。随着互联网、大数据和人工智能等多种信息技术的广泛运用，生产力得到了有效提升，创造了更多的工作岗位，不仅增强了企业的创造力，还带动了区域经济的可持续发展。互联网时代的到来，使我国的工业生产经营方式发生了巨大的变化，同时也催生了许多新的行业和商业模式，为区域经济的多样化发展开辟了更大的空间。随着数字经济进一步的纵深发展，急需具备数字技术应用、网络安全和电子商务等能力的专业技术人才。在此背景下，职业院校应根据自身特点，适时地对教学内容和教学方法进行改革与优化，应跟上数字化科技的发展潮流，强化与企业和产业的联系，保证学生在获得实践操作技巧的同时，还能培养出创造性思维和处理复杂问题的能力。另外，职业院校还要注重对学生终身学习能力的培养，面对高速发展的数字科技，学生不仅要对现有的科技知识有所了解，更要具备不断学习与调整的能力。通过提供多种形式的教学资源和教学平台，促进学生与数字化经济相匹配，为区域协调发展提供新的动力，促进构建更加公平、开放、全面的经济可持续发展模式。

（2）职业教育服务数字经济的重点领域

职业教育服务数字经济主要包括以下几个重点领域。

第一，数字技术应用领域。职业院校在数字化技术人才的培养方面主要是为学生提供软件开发、数据分析和人工智能等方面的技能和素质培养，在数字经济快速发展的背景下，越来越多的企业和产业需要有能力利用数字技术来促进商业革新、提高工作效率的专业人才，因此职业院校的教学内容应与实际工作需求密切相关，帮助学生掌握较强的数字技术应用能力。

第二，网络安全领域。信息安全是保障我国数字经济发展的关键环节，目前我国已有大量的网络安全专业技术人员，涉及网络安全、信息加密和系统保护等，网络安全专家对防范网络攻击、保障数据安全、维护网络空间的安全与稳定具有重要意义，因此职业院校必须对教学内容进行与时俱进的适时调整，以保证教学活动紧跟信息技术发展的步伐，培养更多高素质的网络安全管理人才。

第三，电子商务领域。通过对电商平台运营、网络营销、电子支付、供应链管理等方面专业人才的培养，职业院校可以为电子商务业的迅速发展提供有力的人才服务支撑。这些专业人才既可以运用最新的数字化技术手段来驱动新的业务模型，又可以运用如大数据分析之类的技术工具来优化市场战略，从而提升我国电子商务业的竞争力。

(3) 数字经济对职业教育的要求

在数字经济快速发展的背景下，产业边界日益模糊，职业院校应积极开展专业内涵的建设。在以创新驱动为主要特点的数字化经济背景下，职业院校面临着空前严峻的挑战与新的要求。为此，职业院校必须顺应时代潮流，为区域经济的协调发展提供高质量的新型信息技术人才，一方面需要不断更新教学内容，开设符合时代要求的新课程，另一方面需要强化实习，提高学生的动手能力。此外，职业院校还要注重对学生终身学习能力的培养和训练。

7.6 社会服务领域的专业人才培养

(1) 社会服务对区域协调发展的促进和影响作用

社会服务业的发展对改善我国人民的生活品质具有重要意义。例如，优质的老人护理服务可以保证老年人享受到良好的照顾；高质量的早教服务可以帮助孩子健康快乐成长；专业化的心理辅导可以全面呵护问题人群的精神健康。此外，社会服务业的发展对于推动区域经济的和谐发展也是十分必要的，可以均衡各区域的公共服务资源配置，是缩小城乡发展差距的有效途径。例如，增加边远农村地区社会服务领域的投资，既可以提高农村群众的生活水平，又可以带动当地的经济发展，从而支持区域间经济和社会的协调发展。因此，大力发展社会服务业对于促进社会全面发展、构建和谐社会具有十分重大的现实意义。

(2) 职业教育面向社会服务的重点领域

随着经济的发展和社会的不断进步，社会服务领域对岗位人才的要求也越来越高。面对这种情况，职业院校应有针对性地开展教学工作，以满足社会服务领域的人才需求。

第一，养老护理领域。随着我国人口老龄化趋势愈发严重，老年人照护服务的需求量大幅上升。基于此，职业院校应开设相关课程，并注重培养学生的职业道德和责任感，相关专业的课程设置应包括基本护理技能、老年疾病防治与护理、心理护理等。在开设相关课程的基础上，职业院校还应强化学生的动手能力，并培养学生的服务意识。

第二，早期教育领域。以幼儿为服务对象的社会服务，要求岗位人才具备扎实的婴幼儿教育知识、较好的心理素质和较强的专业能力。职业院校开设早期教育专业，应以幼儿发展心理学、幼儿早期训练方法、幼儿健康与营养等为主要课程，以全面优质的幼儿保育为目标，培养高素质的早期教育服务人才。

第三，心理咨询领域。随着经济的飞速发展和生活水平的不断提高，人们对精神健康的要求也越来越高，职业院校应考虑开设相关专业来满足心理咨询服务的岗位人才需求。职业院校应教授学生专业的心理学知识，培养学生具备良好的交际能力，同时注重理论联系实际，在课堂中加入模拟咨询、案例分析等教学内容，帮助学生积累实践经验，提升解决问题的能力。

（3）职业教育在社会服务人才培养中面临的挑战

在社会服务人才培养方面职业教育具有不可替代的作用，除了为社会服务领域的工作人员提供专业技术训练外，职业教育还可以通过对养老护理、早期教育、心理咨询等方面专业人才的培养，提高我国的社会服务质量和社会福利水平。然而，职业教育在社会服务人才培养中也面临着诸多挑战，主要包括以下几个方面。

第一，不同区域间存在着严重的不均衡问题。由于各地区、各院校所拥有的教育资源和教育层次不同，造成各类社会服务人员的素质参差不齐，从而制约了我国社会服务的总体水平与效能。

第二，缺乏专业人才。面对越来越多元化和越来越复杂的社会服务要求，现有的职业院校相关专业布点数量、教学内容和教学方法已经很难适应社会发展的需要，部分毕业生就业能力不足，不能很好地应对工作中的各种困难。加之薪酬和职业发展等方面的原因，造成了社会服务领域专业人员的短缺。

职业院校应从多个层面来应对这些挑战。例如，通过与行业和企业进行协作，及时进行教学改革，保证教学内容与产业需求密切联系；改善教学品质，加强教师队伍建设，推行以实务和案例为导向的教学方法；各级政府部门应大力支持社会服务业的发展，从政策和待遇方面入手，提升社会服务工作的吸引力，让更多有才能的人加入社会服务领域。只有这样，职业院校才能更好地适应社会发展的需要，为促进区域经济的可持续发展、提高人们的生活水平做出更大的贡献。

第 8 章　我国职业教育供给侧优化路径和策略

8.1　优化专业设置与市场需求匹配

8.1.1　现有专业设置问题的具体表现和成因

我国的很多职业院校都存在专业设置与市场需求不匹配的情况，随着科学技术的快速发展和新兴产业的不断涌现，这种情况将更为突出。在此背景下，许多职业院校仍保留着如机械操作、基础制造等常规类专业，但随着科技的不断发展与产业结构的不断升级，行业对此类专业人才的需求量不断下降。同时，大数据分析、云计算、生物制药等新兴产业催生了大量的新职业和新岗位，并对岗位人才提出了更高的要求，可部分职业院校的课程设置已经无法满足这种要求。究其原因，首先是思想观念问题，职业教育的发展没有跟上工业发展的脚步，职业院校的办学方向和理念还停留在以前的阶段。其次是职业院校在资源分配和调整方面存在一定的惰性，很难实现由常规传统教育到新兴科技教育的快速转变。再次是由于各院校间缺乏有效的信息交流，使得职业院校的专业建设与社会需求的差距越来越大。最后是由于各院校对产业需求信息的搜集与分析不足，致使教学内容与劳动力市场需求的差异越来越大。

这种人才培养模式与社会需求的错位，既制约着学生的未来发展，又制约着职业院校自身的发展潜能，还会造成大量的人才资源浪费。为此，职业院校必须以更积极的态度应对，强化与产业的协作，适时对课程进行优化，保证教学内容与时俱进。在新科技方面，要加大教学投入，增强教学体系的弹性与反应能力，使之更好地满足迅速发展的劳动力市场需求。

8.1.2 动态调整专业设置的策略

职业教育应根据区域产业发展的实际情况进行专业的动态调整，并形成有效的管理机制，以解决目前我国职业院校的专业结构与实际需求不相适应的问题，职业院校对市场的敏锐把握对于保证教学内容符合就业需求至关重要。管理机制的核心功能在于对市场需求进行连续监控，通过经常性地搜集和分析产业发展趋势、人才市场和科技发展的最新报道，职业院校能够很好地判断出市场对某一种特殊行业和岗位在需求上的变化。为此，职业院校需要构建一套柔性、快捷的响应体系，从而使教学内容和课程设置能够与市场需求相匹配。其中一个重要的方法就是促进教育界和产业界的交流和协作，通过与业界进行密切的沟通，可以帮助职业院校在最短的时间内得到最直观的回馈，并且根据产业界的真实需求，及时做出相应的教学调整。同时，深度的产教融合还可以促进职业院校的办学方向和发展战略始终适应市场需求。职业院校应经常邀请产业界的专业人士参加课程内容的设计和评审，并通过企业实习、参观授课等形式，将产业界的实践工作经验直接导入教学之中。这样的教学方式既可以提高教学的实效性和前瞻性，又可以激发学生对工作岗位的兴趣和热爱。

通过构建市场需求调研系统和迅速响应机制，加强与产业间的协作，能够有效地解决职业院校的专业设置不能满足市场需求这一关键问题，从而提高职业院校的教学水平和市场适应能力，提高学生的就业能力和综合竞争力。

8.1.3 具体措施

（1）构建产业需求预报系统

职业院校需要构建一套完整的产业需求预报系统，以实现专业设置与市场需求的准确匹配。该系统融合了产业发展、就业情况和科技发展动态等多个方面的数据，通过对海量的数据进行深入分析，可以给职业院校的管理者提供即时的、有针对性和价值的决策信息。

产业需求预报系统的建立可以极大地提升职业院校的教学内容与市场需求的匹配程度。通过不断监测产业发展态势，解析科技进步对工作岗位的能力要求，并跟踪劳动力市场的变动趋势，形成准确分析与预判，不但可以帮助职业院校找出快速成长的行业，并针对产业需求的发展情况对现有课程与专业进行适当调整，还可以帮助政府部门掌握不同产业对岗位人才的特殊要求。

产业需求预报系统对职业教育的整体发展具有重要的指导意义。通过长期的资料收集与数据分析，职业院校能够准确预测产业的发展动向，进而制定出符合学校未来发展的课程计划与人才培养策略，既有利于实现教育资源的最优分配，又有利于提高我国职业教育体系对经济和社会发展的快速反应与适应性。

产业需求预报系统的建立需要职业院校、行业企业、政府等多方面紧密协作，实现信息共享，并在此基础上形成一种基于多个领域的协同运营与管理方法，对不同类型的信息进行整合，从而提高整个决策过程的效率与准确性。

（2）建立教育与行业联盟

为了更好地应对职业院校专业设置与市场需求不匹配的现状，应促进职业院校和产业间的密切协作，建立教育与行业联盟，通过增强两者间的信息交换和资源共享，可以将产业的发展动向及时反馈给职业院校，促进职业院校的课程建设和专业内涵建设，保证教学内容的不断更新，使其既具有实时性，又具有较高的实用价值。

行业联盟的关键任务是促进行业中的企业深度参与职业院校的专业建设。通过行业联盟内的企业直接介入职业院校的课程设置和专业设置，帮助职业院校借助产业界的实践经验和科技资讯使教学内容更贴近工作需要。在师资队伍建设方面，职业院校应聘请企业界的专业人士参与授课，并让他们针对现有课程内容和授课方式提出意见和评价，从而优化职业院校的人才培养方案。

另外，行业联盟可以为学生创造更多的实习机会，帮助学生将书本上学到的理论知识运用到实际工作中去，还可以帮助学生更早地适应工作岗位的需要，这既提升了职业院校的教学成效，也增强了学生的就业能力。

要保证行业联盟的高效运行，就必须建立起一套完整的协作架构和运行机制，主要包括搭建定期交流平台、定期召开产业需求与人才培养对接会、就资源与信息的共享达成约定等，只有这样才能确保校企合作的持续性、稳定性和有效性，才能为社会提供更多的高技能人才。

（3）对专业与课程设置进行动态评估和调整

为了使职业院校能够跟上时代发展的步伐，以满足企业发展的需要，构建一套行之有效的教学质量评价体系是十分必要的。教学质量评价体系通过定期检查和评价，既可以对现有课程与市场需求的适应性进行评价，又可以帮助学校随时掌握所需的劳动力市场信息，以便学校做出适应性调整。

一般来说，常规性的教学评价可以一年进行一次，保证教学内容每年都在不断地进行更新，以满足产业发展的需要。在评价时，要全面考虑各种因素，如就业率统计、行业反馈、师生满意度等，通过分析所收集的评价资料，帮助职业院校对所开设的专业与课程的质量和有效性有一个整体的认识，并找出哪些教学内容已经不能满足市场需求，以便及时做出调整。通过周期性的评价与调整，可以确保职业院校所开设的专业和课程更具针对性和前瞻性，同时保证学生学到的知识能够更好地与将来的工作岗位接轨，进而提升他们的就业能力。

在保障教育投入效益的前提下，开展经常性的课程评价是实现职业院校与产业需求有效衔接的重要环节。职业院校实行动态评估和考核，能够帮助其更快、更好地适应新形势，从而增强办学效益，不但可以帮助学生找到适合自己的工作，还可以促进相关产业的可持续发展。

8.2 推广创新的教学方法和教育模式

8.2.1 项目化教学

项目化教学是一种以学生为主体的新型教学方法，通过多年的实践，这种教学方法正在逐步显现出它的优越性。项目化教学注重在解决实际问题的过程中指导学生积极地进行所需技巧的学习，既包括对职业技术的熟练运用，也包括对解决问题能力、团队合作精神和创造性思维的全面提升。项目化教学的关键是仿真性与实用性，可以让学生通过贴近现实的工作情景，将学到的理论知识转变为实践技能，为其将来的职业发展打下良好基础。

在职业院校开展项目化教学有利于提升职业院校的教学效果。在项目的设计与实施过程中，学生可以充分利用所学的理论知识来处理从立项到资源分配、从实施到结果展示等一系列具有现实意义的问题。这样既可以训练学生的实际操作技能，又可以帮助学生加深对所学内容的理解。此外，学生在进行项目研究和讨论时要经常与其他同学一起合作，一起应对各种困难，这样既可以锻炼他们的交际技巧，又可以锻炼他们的领导力，提升他们的合作意识。当遇到具有挑战性或开放式的项目时，学生还会想出一些有创意的方法来解决问题，极大地提升了学生的创造性思维。通过与产业和企业的深度交流，引进并设计更多实用的实际项目，职业院校可以将课程设置与产业需求密切联系起来，从而提升职业院校的教学品质和成效。

8.2.2 情景模拟

情景模拟是一种先进的教学方法，近年来在航空、医学等众多学科中得到了广泛应用。情景模拟是一种基于虚拟现实或电脑仿真的仿真教学方法，为学生提供了一种近似于现实的工作情景，让他们可以在绝对可控、安全的状态下进行职业技能的实践与锻炼。

情景模拟在职业院校的实践教学中适合高风险、高训练费用的行业，如化工生产、电力安装、重型机械作业等领域。通过情景模拟，使学生能够在没有任何危险的情况下进行操作，既可以预防突发事件，又可以进行反复实践，进一步提高学生对所需职业技能的掌握程度。

另外，情景模拟具有传统教学方法所不具备的快速反馈功能。学生能够在学习的过程中直观地认识到自己所犯的各种错误和造成的影响，并在不断的实践中加以改正，从而加深对所学知识和技能的深刻理解，大大加快了学生的学习进度。

8.3 加强实践教学基础设施建设

8.3.1 增加实训设备投资

要想提高职业院校的办学质量和办学效益，就必须加大实训设备的投入。通过购置行业最新的实训设备，职业院校可以为学生提供更好的实训条件，不但可以提升他们的技能水平，还可以帮助他们更好地了解和运用所掌握的理论知识。由于科技的飞速发展，很多新兴产业对岗位人才的要求也发生了变化，通过不断更新实训设备，可以帮助学生掌握最新的职业技能，提高就业竞争力。加大实训设备的投入不仅可以全面提升学生的学习效果和学习效率，还可以帮助教师更加准确地了解学生的学习进展和技术水平，并对教学内容和教学方式进行适时调整。

因此，职业院校应该把现代化实训场所的建设作为一项长期的工作来抓，这不仅是对教学资源进行的持续优化与升级，还可以让教学品质和教学效率得到极大提高，从而使职业教育与现代产业发展的现实需求更紧密地联系在一起。

8.3.2 提供多样化的实践学习环境

构建多样化的实践学习环境是实现学生专业理论知识与实际操作能力有机融合的重要途径，主要方法包括建设仿真工作站或模拟车间、提供大量的现场实践等，这样可以帮助学生实现从课堂学习到现实工作的转换，提升教学的有效性。

第一，建设仿真工作站或模拟车间，为学生创造一个更加贴近实际工作环境的学习氛围，学生可以对工业上普遍使用的机器或软件进行操作，完成各类仿真作业，如生产线作业、工程管理流程、突发事件处置等，帮助学生在实践中运用所学的理论知识，加深对关键作业程序和作业规范的了解。

第二，校外实践为学生提供了一个很好的平台，让他们可以更好地了解相关领域的最新动态。通过与企业和产业的密切合作，职业院校能够为学生创造一个真实的工作场所，让他们亲身体会工作中所面对的种种困难，积累宝贵的实践经验。

第三，与产业界的密切联系可以让职业学院的教学内容跟上时代的步伐。企业介入职业院校的教学活动，不仅可以为学生提供最新的行业动态和技术知识，使得教学内容更接近现实，让学生的学习变得更有预见性和实用性，还可以保证教学活动更加符合业界规范。

8.4　优化教育资源的均衡配置

8.4.1　资源配置的不平衡及对职业教育质量的影响

目前，我国职业院校的师资队伍建设面临着严峻的挑战。我国职业教育发展的不平衡性表现为教育资源配置的区域性差异，尤其是在师资、设施、经费等方面。在经济发展水平较高的地区，职业院校往往可以拥有更多的经费、更好的设备和更优秀的教师，因此区域内的学生可以享受到更好的教育，进而具备更强的就业竞争力和发展潜能。而在经济发展水平较低的地区，职业院校在获得教育资源方面会遇到很大的困境，主要表现在教师资源短缺、设备和经费得不到保障等方面，这严重影响了教学质量和学生综合素质的提高。

由于教育资源分配不均，我国各区域的教育水平存在着明显的差异，这不但对学生的个人就业发展产生了不利影响，还造成了区域间的经济和社会发展差距。为了提高职业教育质量，促进社会公平和区域经济协调发展，必须加强教育资源的合理分配。这就需要国家在宏观层面上进行调控，如增加对经济欠发达地区职业教育的资金投入、改进教学设备、提高教师素质等，并通过建立合理的教育资源配置体系和奖励办法，推动更多区域教育资源的平衡分布，以此来缩小区域间的教育差距，提升职业教育的办学效率，为实现区域经济的可持续发展提供保障。

8.4.2 政府、社会和职业院校在资源分配中的角色和责任

（1）政府的角色和责任

在保证教育资源合理分配方面，政府起着至关重要的作用，通过制定相关政策、提供经费保障、加强教育监督等措施，可以有效缩小区域间的教育差距。

第一，通过出台相应的教育资源配置政策，促进区域经济的可持续发展，主要包括制定资源分配标准、专项补贴计划、重点扶持战略，并在此基础上通过对所分配资源的有效利用，实现不同区域职业教育均衡发展的目标。

第二，通过给予特殊资助，改善经济欠发达地区的教育条件，提高当地的教育质量。还可以通过专项帮扶等方式为经济欠发达地区引进优质的教师资源和现代化的教育模式，让当地学生享受到优质的教育资源。

第三，在保障教育资源配置与利用的过程中，政府应担负起监督责任，保证公平、公开地配置和利用教育资源，主要包括加强对经费使用情况的监督、对项目执行的成效进行评估、定期发布公共报表等。

（2）社会的角色和责任

在提升职业教育办学质量方面，无论是企业、社会团体还是民间机构，都应最大限度地发挥各自的作用。

企业应积极与职业院校建立合作伙伴关系，除了在经费上给予支持外，还可以通过捐赠专业设备、进行技术咨询等方式帮助职业院校改善教育实践环境。社会团体可以采取多种形式与职业院校进行协作，实现教育资源的合理配置和高效使用。民间机构可以通过慈善或公共福利计划，为

贫穷地区的职业教育提供资金支持。

（3）职业院校的角色和责任

职业院校是保证教育资源合理分配和高效使用的重要主体，除了对现有教育资源进行有效利用外，职业院校还需要通过创新方式方法，全面提高学校的教学品质与效能，同时还要积极与企业和社会团体进行协作，最大限度地拓展外部资源，实现教育资源的高效利用。

第一，职业院校要在内部实现教育资源最大限度地优化配置，包括教师资源的优化分配、设备的更新，以及采用在线教育平台、数码教育工具等教学方式。在保证教学品质的前提下，最大限度地利用已有的教育资源，保证学生获得最好的学习结果。

第二，职业院校要以创新的方式进行课程改革，并在此基础上采取更具弹性和参与度的教育方式，帮助学生更好地应对未来真实社会的各种挑战。

第三，职业院校要加强与企业和社会团体的联系，包括企业参与学校的课程设计，并为学生提供实习岗位或技术支撑，保证教学成果与产业需求的密切联系。

总之，职业院校要通过外拓内调，促进教育资源的有效分配和高效使用。这样不但可以帮助学校提升自身的办学质量，还可以推动整个社会的教育平等和经济的可持续发展。

8.4.3　优化策略

（1）建立区域间资源共享机制

为了有效缓解教育资源分布不均带来的负面影响，构建区间资源共享机制至关重要。

第一，构建一个跨地域的教育资源共享平台，有效集中并协调各区域的教育资源，涵盖优质的教学素材、网络课程体系、教育应用软件及先进的教学策略等。该平台不仅可以促进不同地理位置的优质教育资源充分共享，还可以减少重复性建设投入，实现教育资源使用的效益最大化。另外，该平台还可以充当信息互换的桥梁，助力各教育单位掌握其他区域在教育实践领域的创新实践成功实例，为教学方法的革新与教育质量的提升提供参考。

第二，利用远程教育技术是推动教育资源普及的关键策略。利用视频会议技术、虚拟课堂等远程教育工具，教师可以跨越地域界线向学生传授知识，这不仅拓宽了优质教育资源的触及范畴，确保偏远地区和经济欠发达地区的学生可以共享优质教育资源，还可以有效提升教师的教学技巧和学科素养。

第三，加强前沿和高端教育资源的利用效率，尤其是构建贵重教学设备或仪器的循环利用体系。可以建立一个跨校际的资源共享平台，促使如精密实验室器材、高性能计算机及行业专用软件等高成本教育资源在多所学校间的流动利用。这样不仅可以减轻部分学校在硬件购置方面的财政负担，还可以显著提升教育资源的使用频率与效能。

（2）优化师资配置

针对不同区域职业院校师资力量方面的不均衡，必须采取有效措施予以解决，这离不开政府、职业院校和全社会的共同努力。

第一，增强教师队伍的流动性。政府及相关教育部门应制定激励机制，包括具有竞争力的薪酬、职业成长路径及合理的生活补助，旨在吸引优秀的教育人才到教育资源匮乏的地区工作。

第二，强化教师培训。职业院校应与政府机构制定科学可行的行动计划，有序开展各类教育培训项目，同时充分利用远程教育手段，确保地处边远地区的教育工作者也能参加。

第三，增强教育工作者的幸福感，提升他们的职业满意度。物质奖励固然重要，但构建一个倡导奉献、尊师重教的工作氛围同样不可或缺，要确保教育工作者的合法权益得到有效维护，努力营造一个和谐、包容的育人环境等。

（3）增加对经济欠发达地区的教育投入

为了推动教育领域的均衡发展，并持续提升教学质量，对于经济欠发达区域，政府应增加对职业教育的财政扶持力度。

第一，在直接投入保障方面，经济欠发达地区的当地政府要高度重视职业教育的资金配备，如教室、实验室、图书馆等基础设施的完善，以及推动信息化教学改革的装备更新，如个人电脑、科学实验器材、互动教学设备等。这些根本性的投资对于升级教育场所和学习环境至关重要，对提升教育品质和学生的学习效果有着直接影响。

第二，经济欠发达地区税收基础薄弱，地方财政的承受能力有限，这就需要政府提供政策和财政支持，确保当地的职业院校有充足的专项资金，保证教学活动的正常开展，推动职业教育事业稳步发展。

第三，政府应积极鼓励企业和社会团体参与经济欠发达地区的教育事业，吸引更广泛的社会资本进入职业教育领域，深化多方合作，拓宽教育投资的边界与效能。通过建立长效的合作机制，强化职业教育的持久影响力。

8.5　加强校企合作

8.5.1　校企合作在优化职业教育中的作用

产教融合是职业教育实现可持续发展的根本动力，通过产教融合可以有力地缩小教育界与产业界之间的距离，使得职业教育的教学内容更贴近实际需求，增强其针对性和实践性。通过将行业内的资源和真实工作环境整合到教学过程中，可以保证职业院校开设的课程紧跟市场导向，从而提升学生的专业技能和就业竞争力。

第一，通过建立行业、企业和职业院校的三方合作机制，职业院校能够无缝接轨产业界的最新技术进展和市场趋势。这种实时信息的接入对于职业院校课程内容的适时革新至关重要，可以确保传授给学生的技能和知识恰好满足当下产业界的迫切需求。在校企合作框架下，行业和企业将向职业院校提供新兴技术发展、行业规范调整及职业定位变化的最新信息，学校可以据此调整人才培养方案。

第二，通过产教融合，可以依托企业搭建更多的实习实训平台，为职业院校的学生提供更好的实习条件。学生置身于真实的职业场景中，可以将理论知识与实践操作全面对接，深化对行业内部运作机制的理解，进而提升个人的专业技能。

第三，产教融合对于校企双方来说都是一个双赢的选择。企业对职业教育的深度介入，不仅能够直观评估学生的专业技能和职业操守，还可以根据自身的特殊需求在职业院校实施定制化的人才培养方案。

为了进一步深化产教融合，学校和企业应不断创新合作的方法与路径，并探索更为有效的合作模式。

8.5.2 建立稳定的校企合作模式

(1) 企业参与课程设计

构建一个长效稳定的校企合作框架，让企业介入职业院校的课程架构设计和教学进程规划，不仅可以保障教学内容和课程设置与产业界的需求紧密同步，还可以增强课程内容的实践导向性，为学生今后步入职场奠定坚实的基础。

第一，在规划课程体系时，企业介入的一个关键途径是开展行业需求分析。依托专业人员的丰富经验和独特视角，企业能够精确识别当前劳动力市场中需求最迫切的技能和知识体系。此外，企业还可以表达对行业内前沿技术发展趋势的独到见解，从而提升课程内容的创新性。

第二，职业院校通过与企业开展合作，共同设计专业人才培养方案、规划课程体系，可以有效保障教学和实践内容的行业适应性。企业为职业院校提供最新的职业标准动态，不仅可以丰富课程理论基础，还能够增强课程内容的实践导向和操作实用性，这样可以促进教学内容的与时俱进，及时响应行业需求，防止教学内容与行业实际脱节。

第三，在教学过程中，职业院校可以引入企业的典型真实案例，进行项目驱动教学，这样不仅可以巩固学生的理论认识，还能显著提升他们在复杂情景下解决问题的能力。

通过企业参与课程设计，职业院校可以更灵活地响应行业需求，从而有效提升办学质量。

（2）提供实习岗位

在校企合作过程中，企业为学生提供合适的实习岗位，帮助他们积累实践经验，不仅有利于学生未来职业生涯的发展，也有利于职业院校教学质量的提升。

第一，合适的实习岗位对学生职业技能和实践能力的提升作用显著。在实习过程中，学生可以将理论知识转化为实践操作，直面真实的业务难题和职场生态，不仅可以锻炼他们应对实际挑战的能力，还可以促进他们职业适应力和专业素质的提升。此外，实习经验可以使学生深入洞察特定行业和岗位的实质要求与工作概况，帮助他们在今后职业道路的选择上进行更加理性的思考。

第二，在岗实习是职业院校整个教学过程中不可或缺的环节，是评价和完善课程内容实效性的关键渠道。在实习过程中，职业院校可以通过观察学生的具体表现，收集关于课程设置与行业需求契合度的第一手反馈。这种源自真实工作环境的反馈信息是衡量职业教育成效、引导专业人才培养方案调整的宝贵资源，可以帮助职业院校不断改进教学方法、调整课程架构，从而更好地满足学生及行业的发展要求。

通过向职业院校提供实习岗位，企业可以获得评估未来雇员潜力的宝贵机会，这对企业来说成本低且风险小。此外，企业还能参与职业院校的教学活动，培养符合自身需求的岗位人才。而通过收集学生的实习反馈，职业院校可以进一步优化课程设计，改进教学方法，从而更加贴近行业的发展趋势。

（3）提供技术支持

在校企合作的过程中，企业可以向职业院校提供最新的或最成熟的生产技术，帮助职业院校更新教学内容，这不仅有助于提升职业院校的教学质量，还可以加速新技术在产业中的迅速普及。

第一，在职业院校的教学过程中，充分利用企业提供的先进设备和技术非常重要，尤其是针对工程技术、制造业及信息技术等技术密集型行业。这些行业不仅要求学生具备扎实的理论基础，还强调实践操作技能的重要性。通过利用企业提供的先进设备和技术，学生不仅可以拓宽眼界，还可以积累操作经验。这不仅有助于学生今后能够迅速融入职场环境，还能够有效提升他们的就业竞争力。

第二，企业通过开展技术培训和专业辅导可以丰富和完善职业院校的教学过程。这类活动通常由企业内部经验丰富的技术专家主持，旨在将最前沿的技术技能和业内的操作规范传授给学生，此举不仅赋予了教育内容更强的实际应用价值和时代关联性，还为职业院校的教师提供了自我提升的学习途径。此外，这类活动还可以帮助职业院校进一步了解行业需求，从而有的放矢地调整课程体系，实现教育资源的最优化配置。

第三，企业可以通过软件使用的授权、系统优化配置服务，以及持续性的技术更新维护等措施，为职业院校的教学活动提供全面的技术支持。这对于那些依赖特定软件或系统开展教学活动的职业院校而言无疑大大减轻了其财政压力，同时还保障学生能够接触并运用业内认可的标准软件进行实践和学习，从而提升了教育资源的有效性和学生的实践能力。

在学校和企业合作的框架内，企业的技术支持发挥着重要作用，不仅对提升教学质量和教学实效性至关重要，还构成了驱动教育创新和科技进步的强大力量。因此，职业院校应主动寻求与企业深化合作的契机，携手探究强化技术支撑的有效路径，从而培养出更多适应未来职业领域需求的技术技能型人才。

8.5.3 政策支持和激励机制以促进更深入的合作

（1）财政补贴和税收优惠

为了激励企业参与校企合作，政府可以采取财政补助的策略，补贴企业因提供实习机会、捐赠技术设备及培养教师所产生的费用。此外，政府可以推出税收减免政策，尤其面向那些在技术和教育资源方面对职业教育有突出贡献的企业。上述措施将有力推动企业与职业院校的深化合作，提升教育资源配置效率和教学质量，促进学生综合技能的提升，形成教育与经济增长的正向循环。相关政策的制定与执行需紧密结合各行业和地区的实际情况，并构建监督评估体系，以保证政策实施的效果，从而驱动校企合作向实效性方向发展。

（2）优惠政策

政府可以通过制定优惠政策来鼓励企业加大对职业教育领域的投入，促进教育界与产业界的深度交融。此类政策通过直接回馈那些持续在职业教育领域进行投入的企业，激发其他企业的参与积极性。

第一，在公共采购领域，对于那些承诺提供实习机会、技术辅导及生产设备的企业，政府可以给予优先考量或评标加分，使这些企业在竞标政府项目时具备一定的优势。此举可以让企业认识到在履行社会责任的同时，能够获得实质性的经济回馈，从而增强其继续投入职业教育的积极性。

第二，政府可以采取多元化策略为积极参与职业教育的企业减轻财政压力，具体措施包括减少与教育服务相关的行政收费、设定特惠贷款利率等，以此来缓解企业因参与职业教育而可能带来的经济负担。

第三，为了确保相关政策可以精准匹配企业需求和职业教育导向，各级政府需精心构思政策供给的内容，旨在切实提升企业在职业教育领域的参与度，推动职业教育资源的优化配置与高效利用。

通过上述优惠政策，不仅能够有力提升职业教育的品质与成效，还可以为区域经济的增长注入新的活力，促成一个教育提升、企业壮大、社会进步的正向循环生态系统。

（3）搭建合作平台

为了进一步巩固学校与企业之间的联系，政府应搭建一个校企合作框架下的信息共享平台，该平台的主要功能是加强信息交流与资源共享，实现教育内容与行业需求的有效对接，增强教育的适用性和前瞻性，该平台应包含以下几个关键功能。

第一，信息交流与资源共享。该平台应提供一个中心数据库，动态累积并刷新行业趋势、科技进步及市场需求等数据，职业院校可以从中获取最新资讯，然后及时调整教学方案，企业也可以借此了解教育科研的最新进展和人才培养的趋势导向。

第二，定期开展学术交流。学术交流活动旨在加强校企双方的互动沟通，共商教育策略，同时确保职业院校的教学活动与行业的发展趋势相契合。

第三，政策引导与资金支持。政府可以通过提供资金支持和技术援助来确保平台的有效运行，还可以通过制定相关政策和激励措施促使更多企业和职业院校加入该平台。

第四，技术和教学资源的共享。该平台应支持技术和教学资源的共享，包括在线课程、模拟软件和研究成果等。

通过上述措施，不仅能够激励更多的企业参与职业教育，还能确保职业院校能够及时响应行业需求的变化，从而提高教学质量。此外，该平台可以促进教育资源的优化配置，使教育成果更符合劳动力市场和社会的需求，从而推动我国的经济发展和社会进步。

第 9 章　职业教育与区域创新系统的协同发展

9.1　区域创新系统的理论基础

（1）创新驱动发展的基本内涵

依据经济增长的根本驱动力，经济发展进程可以被细分为 4 个阶段，即资源驱动阶段、资本积累阶段、创新引领阶段和财富导向阶段。在资源驱动阶段，产业技术进步主要依赖于劳动力成本优势，通过技术模仿或吸引外资来引入特定技术，并以此为跳板进入全球市场。这一时期的经济战略多由政府主导，同时标志着工业化进入初步成型阶段。

当经济体触及刘易斯转折点，标志着普遍劳动力的稀缺性已开始显现，这一进程伴随着劳动力成本的逐渐上升，以及人口红利效应的消退。此时，生产要素配置也在发生显著变化，以往依赖于丰富且低廉劳动力及大规模资本累积的增长模式逐渐丧失优势，面向未来发展的战略转型成为必然，将侧重于提升资本与劳动力的比例配置，具体体现为资本密集行业的蓬勃发展。这一时期政府和企业的主动投资意愿和实施能力成为核心要素，传统的基础生产要素虽然仍保持一定的优势，但更为显著的是要素质量的系统性升级，体现在高级技术工人与专业人才队伍的壮大。技术进步的主要途径转变为海外直接投资的引入和技术授权合作，以及通过模仿与创新来掌握更复杂的数字化产品与技术，企业在此背景下开始引进外来技术并进行改良。

根据经济学中的边际收益递减原理，在依赖投资驱动的经济增长阶段会遭遇回报率下滑的问题，甚至可能陷入所谓的中等收入陷阱。为了缓解这一不利趋势，提升全要素生产率成为关键策略。这涉及通过多种途径来增进生产效率，标志着经济增长的动能逐步向创新驱动转型。当进入创新驱动阶段，以往依赖低成本生产要素的优势将不再显著，取而代之的是高新技术密集型产业的兴起。此时，技术创新模式从仿制跟随转变为自主研发，涵盖原始创新、集成创新和引进技术的再创新等多个维度，科技成果向产业应用的转化效率显著提升，这将增强国家或地区经济体系对抗外部冲击的韧性。

创新的驱动力量并非排斥投资要素累积的重要性，而是强调创新的革新和促进作用，这一转变标志着经济模式从依赖要素和投资驱动向以创新为主导的深刻变革。值得注意的是，高新技术和战略性新兴产业的获取远非单纯的资本交易或市场交换所能达成，其核心在于掌握新技术的源头，巧妙规避行业先锋设置的壁垒，从而进入技术领域的最前沿，创造出一条独立且创新的发展路径，最终实现从追踪者到引领者的蜕变。

(2) 区域创新系统在我国的发展和特点

作为一种促进区域经济发展和科技进步的关键机制，区域创新体系强调各创新主体间的高效互动与合作。在我国区域经济协调发展的背景下，构建区域创新体系，紧密跟随国家战略导向是行之有效的举措，这在我国的高新技术产业园区和经济技术开发区的发展历程中表现得尤为明显。这些特设区域旨在汇聚教育资源、研发能力、企业创新动能及政府策略扶持，协同塑造一个有利于创新及科技成果应用的优良环境。

我国的区域创新体系有很多显著的特点，政府扮演至关重要的核心角色就是其中之一。通过政策指引和财政支持的双重驱动，政府可以有效激励创新行为，通过精心规划区域发展战略，促进资源的合理布局与高效利用。这一点体现在我国国家级与省级高新技术产业园区的成功建立上，这些园区不仅有效地汇聚了渠道广泛的国内外资金，还增强了高科技企业的集群效应，加速了技术革新与产业升级的动态进程。此外，区域创新体系内高校、科研单位与企业间的深度合作机制是我国区域创新的另一大亮点。在多方主体的协同合作下，高校和科研单位不仅是知识创造和技术人才培养的主力军，同时也会深度参与企业的研发活动，催化科技成果向实际运用的快速转移，形成产、学、研紧密结合的特色模式，这将大幅度缩减科研成果转化的时间跨度。值得注意的是，我国在追求以创新促进经济增长的同时，也强调可持续发展和社会责任，在绿色能源、生态保护、智慧城市等前沿领域的创新实践不断涌现，体现了对环境保护的密切关注和对未来发展的前瞻性思考。

从宏观层面审视，我国构建的区域性创新体系在加速科技进步与经济增长的同时，也深化了各创新实体间的协同与互补作用，进而强化了区域的综合竞争实力与可持续发展潜力，这种创新体系推进策略为应对当代社会的复杂挑战提供了一个可行的策略框架。

（3）适用于我国的理论框架

协同创新的理论基础源于系统论和创新理论，这也为我们深入探索职业教育与区域创新系统间的相互作用关系提供了理论支撑。一方面，基于协同创新理论，职业教育可以被构建为一个多层次的多元综合体，蕴含了教育机构、学习群体、师资力量、课程架构及教学手段等多个紧密相连的分支系统。这些分支系统在不断流动的资源、信息与政策导向的输入，以及技术熟练劳动力、创新技术等成果的输出之间交织互动，协同推进职业教育系统既定目标的实现，为区域经济和社会的发展贡献重要力量。另一方面，协同创新理论的核心聚焦于新知识的创造与应用，这是驱动区域乃至国家经济增长的重要引擎。在这个理论框架的指引下，职业教育的关键价值凸显于其作为人才孵化与技术创新支持平台的角色，为区域创新系统注入鲜活的力量。通过精心设计的专业课程和实践导向的教学模式，职业教育不仅可以传输基本技能，还着力于培养学生的创新意识与解决问题的技巧，这些能力对于区域创新能力的提升至关重要。

在我国经济和社会全面发展的背景下，推动职业教育体系与区域创新系统间的协同进化是实现区域协调发展的关键路径。考虑到我国独有的社会文化与经济背景，如政府在引导教育和经济发展中的核心作用、迅速推进的工业化与技术革新趋势，以及市场对高技能人才的强烈需求，这些都为协同创新的实施提供了强大的支持。协同创新将涉及强化体系内部各组成部分的互联互动，优化资源分配机制，以提升整个系统的运作效率。为此，职业院校应与本地企业和研发机构形成紧密的合作关系，促进知识与技术的双向流通与快速转换，从而使职业教育不仅能够满足当下的市场需求，还能引领未来行业动态的发展，为区域创新系统注入不竭的驱动力。这一理论与实践的深度融合模式，为我国职业教育与区域创新系统的有效融合提供了明确的路径指引，尤其是在全球经济快速发展和社会转型的背景下，其示范意义尤为重要。

9.2 职业教育在我国区域创新体系中的角色

(1) 技能培养和知识传播

职业教育在我国区域创新体系中扮演着一个不可或缺的角色，技能培养和知识传播是职业教育服务区域经济发展的两项核心职能，不仅适配了区域产业发展的多元化诉求，也为区域经济的持续创新奠定了稳固的基础。在技能培养方面，职业教育致力于传授学生一系列核心职业能力，包括从基础操作技能延展至更深层次的技术和管理才能。教育内容的规划与迭代要建立在对区域行业具体需求精细剖析的基础上，确保教育改革与区域经济发展的协同演进。在知识传播方面，职业院校一般是与企业和科研单位开展协作，将最新的学术研究成果和技术创新成果转化成具有可操作性的实践解决方案，助力区域产业的转型和升级。这样不仅可以加速理论知识与技术成果向生产力的转化进程，还保障了教学内容的先进性与实践价值。职业教育不断为区域创新系统注入新鲜活力，驱使经济向更高质量的发展轨道迈进，但是在新能源、先进装备制造、现代服务业等技术迭代较快的领域，仍需开展持续的技术革新和人才队伍建设。以技能培养与知识传播双轨并行的职业教育体制将极大增强学生的就业竞争力，同时为区域经济的高质量发展和产业结构优化提供创新动力。

（2）职业教育对我国区域产业升级的贡献

我国创新驱动发展战略取得成功的关键是精心培养和吸纳高端人才，这不仅蕴含着提升人力资源素养和能力的总体诉求，还强调了培养参与创新实践专业人才的重要性。因此，对职业教育实施策略性改革与升级显得尤为迫切，旨在构建一个全方位、跨阶段的人才孵化机制，该机制应覆盖从基础创新到先进技术应用的广泛领域。在此背景下，职业教育的影响力不容忽视，作为促进区域经济结构转型升级的主要驱动力，职业教育可以有效引导产业价值链从低端向高端过渡，并展现出独特的价值与作用。

职业院校通过专业化的课程设置，为提高区域经济活力和改善产业结构奠定了坚实基础。尤其在我国的制造业领域，职业院校紧密跟随区域产业特性和实时需求，精心设计面向未来发展的先进制造技术课程，这些课程不仅包括机械自动化、电子工程、信息技术等经典领域，还融入了智能制造、大数据处理、云计算等前沿科技领域。职业院校因此可以培养出一批既能熟练操作高科技制造设备，又能有效运营现代化生产流程的高级技术人才，这些人才将成为推动我国制造业向技术集约型转型、减少劳动力依赖、提升产业附加值和国际竞争力的关键力量。此外，职业教育已展现出高度的灵活性和教学创新性，可以迅速适应技术演进和市场的动态变化，不仅适应当下经济转型对人才需求的变化，也为未来区域经济的可持续发展提供了人才支撑。

职业院校迅速适应我国经济转型的发展要求，并且不断进行自我改革和创新，已演变成激发区域产业革新与科技进步的中坚力量。我国职业教育改革实践的成功不仅可以优化我国人才资源的总体结构，还可以为区域经济的长久稳健发展奠定坚实的基础。因此，持续拓展职业教育的普及程度并深化其内涵，将是实现区域经济可持续发展的决定性步骤。

9.3 区域创新驱动下的我国职业教育策略

9.3.1 我国职业教育政策的回顾与分析

“十四五”以来，我国不断加大对职业教育的支持力度，出台了一系列政策来强化、支持职业教育的发展，旨在从根本上提升我国职业教育的质量和实效，从而更有效地满足国家经济与社会发展的新需求。以下是2019至2021年间部分我国出台的有关职业教育的政策和文件要点。

第一，2019年1月颁布的《国家职业教育改革实施方案》明确指出，职业教育与普通教育拥有相等的地位，提出并启动“学历证书＋多技能资质认证”的试点项目。此举彰显了我国对专业技能认证的高度重视，旨在增强职业教育毕业生在劳动力市场的竞争力，并且提升其社会认可度。

第二，2019年10月颁布的《教育部办公厅等七部门关于教育支持社会服务产业发展，提高紧缺人才培养培训质量的意见》强调，要着力加速构建包含家政服务、养老服务及幼儿教育等紧俏行业的人才培育体系。此举不仅有效缓解了我国社会服务业面临的人力资源匮乏难题，也进一步推动了这些行业向更高水平的专业化与标准化目标迈进。

第三，2020年7月发布的《中央财政支持现代职业教育质量提升策略》指出，中央政府通过加大对职业教育的资金投入力度，显著加强财政扶持的效能，这一举措对提升职业院校的基础设施和教育水平起到了积极作用。

第四，2020年9月发布的《职业教育提质培优行动计划（2020—2023年）》，旨在通过优化教学内容和改革教学模式，健全职业教育体系的标准架构，并在此基础上全面推动我国职业教育人才培养质量与就业前景的双重升级。

第五，2021年3月，教育部组织修订并出台《职业教育专业目录（2021年）》，这项工作主要是为了顺应国家经济结构和社会发展的最新趋势，以及满足新兴行业的人才需求，此举被视为强化职业教育内容与劳动力市场紧密联系的关键步骤。

第六，2021 年颁布的《中华人民共和国民办教育促进法实施条例》，旨在加强对民办教育机构的监管力度，推动教育领域多元化发展，进而提升教育服务的品质与效能。此条例通过细化管理措施，促进教育资源的优化配置，确保民办教育在提升社会教育整体质量中发挥积极作用。

第七，2021 年 9 月发布的《关于开展职业院校师资能力提升项目（2021—2025 年）的通知》强调，通过系统化的教师培养机制，提升职业教育师资队伍的教学效能与专业深度，从而推动教育质量的显著增长。其核心在于把握教师成长的关键环节，不仅深化学科知识与教学技巧，还着眼于培养符合未来教育需求的高素质教师团队，确保职业教育体系能够适应社会经济的发展趋势。

第八，2021 年 10 月发布的《关于推动现代职业教育高质量发展的指导意见》明确规划了职业教育的未来蓝图，并强调要在未来数年内实现显著进步，具体包括：至 2025 年，预期职业教育的综合水平及社会认同度将有大幅提升；至 2035 年，将进一步巩固并深化这一增长趋势，确保职业教育体系达到更高层次的发展与认可。

以上政策和文件的颁布，旨在提升教育品质、强化职业能力认证机制，并加强教育体制与市场诉求间的联动效应。以上政策和文件的实施，极大拓宽了职业院校毕业生的就业路径，并为我国的经济建设注入了新活力。作为联结教育与劳动力市场的纽带，职业教育对未来经济社会发展的影响力将进一步增强。面对技术革新与产业结构的持续变迁，职业教育应保持与时俱进。在此期间，职业教育的发展离不开政府长期的政策支持与财政投入。此外，应进一步加强政府与企业的密切联系，创新教育模式与课程内容，满足数字化时代对技能人才的新要求。

在全球经济结构转型和新工业革命浪潮的驱动下，在培养能够适应未来劳动力市场需求的技术专家和服务领域人才方面，职业教育扮演着举足轻重的角色。因此，强化职业教育体系的改革和创新、提升其迅速响应工业领域动态需求的能力成为当前的紧迫任务，这包括了课程内容设计与教学方法创新、实训设备设施与学习资源的现代化升级等多个方面。同时，增强社会对职业教育的认可度并进一步提升其吸引力也是不容忽视的重要方面。

9.3.2 政策驱动——我国政府在促进职业教育与区域创新协同中的作用与策略

一直以来，我国不断强化职业教育在区域经济发展中的地位和作用，各级政府积极采取各种扶持措施，涵盖了资金补助、政策引导和法律法规制定等多个维度，旨在推动职业教育与区域创新的协同发展，确保职业教育与区域产业升级的动态需求无缝对接。政府的资金投入重点用于现代化职业教育条件的改善，旨在整体提升职业教育的教学质量。

《职业教育提质培优行动计划（2020—2023 年）》中清晰界定了职业教育的发展愿景和任务规划，旨在确保职业教育的教学内容与地方经济发展策略紧密对接。政府采取主动姿态，引导企业与地方政府在职业教育领域深度协同，运用税收减免、财政补助等激励机制，不断增强企业在职业教育领域的参与度。企业与教育机构的密切合作不仅催化了理论知识与岗位实践的深度融合，也促使职业教育体系更紧密地迎合市场导向，着力打造面向未来产业升级趋势的专业化人才梯队。此外，政府正积极推进区域内及跨区域职业教育资源的系统性整合，依托政策杠杆促进区域间资源共享与优势互补，进一步巩固职业教育在驱动区域经济一体化进程中的重要地位。基于跨界的教育资源重组，既提升了教育供给的效能，又深化了区域内外的协同发展机制，为区域经济发展提供了稳定的人力资源和知识要素供给。

以上政策措施不仅有力推进了我国职业教育体系的效能与品质提升，还深化了职业教育体系与区域创新发展的协同效应，为促进区域经济的长期繁荣和科技进步奠定了稳固的人力资源基础。一系列有关职业教育政策的出台，彰显了我国面对经济环境变迁时充分发挥职业教育潜力，以驱动我国经济与社会发展的坚定决策与智慧布局。

9.3.3 产教融合——我国的校企合作模式与实施效果

产教融合是我国当代职业教育创新发展的一大鲜明标志，在具体实施的过程中，产教融合应着力于职业院校与企业实体间的强强联合，促使职业教育的教学内容和教学模式能够根据市场需求的变化而灵活调整，为学生提供良好的实训条件，从而提升学生的技能水平。在产教融合背景下，大量职业院校与行业内的龙头企业建立起深度合作关系，不仅拓宽了学生的学习广度，增强了教学内容的市场导向性，还切实提高了学生的专业技能与创新思维。

从企业的角度来看，产教融合是企业实现可持续发展的关键抓手。企业可以介入职业院校的课程设计和教学实践活动，通过产教融合保障教学内容紧随最新技术的发展动态和职场的技能要求，符合行业的发展趋势。校企双方共同构建良好的合作生态，不仅可以促进人才培养机制的不断完善，还大幅减少了因供需信息的不对称而导致的高额招聘成本。在此背景下，职业院校与企业携手共创了一个互利共赢的合作模式。这一模式不仅增强了职业教育的适配性，还为区域经济发展注入了人才孵化和技术创新的强劲动力。将学校的人才培养目标与产业需求紧密结合是提升职业教育成效的关键，同时也是我国未来职业教育实现可持续发展的有效举措。

产教融合不仅是职业教育改革和创新的一项关键策略，也是驱动区域经济蓬勃发展的强大力量，要求政府、学校、行业、企业四方共同发力，协同创新发展，在资源共享、目标设定等方面建立更为紧密且深入的合作模式，携手探索更多能够高效实施且成效显著的合作路径，从而实现职业教育资源的优化布局与人才培养成果的最大化。产教融合的不断深化与拓展，无疑将为我国职业教育事业带来源源不断的发展动力，为社会经济的全面进步培育大量既掌握实践技巧又富有创新意识的高素质技术人才。

9.3.4 技术与课程创新——针对市场需求更新教育内容和教学方法

在科技持续进步和市场需求不断变化的背景下，我国职业教育正面临着前所未有的挑战，只有不断改革和创新教育内容和教学方法，才能有效对接新兴科技和产业升级的需求。当前，我国职业院校正积极探索将人工智能、虚拟现实和机器人等前沿技术融入教学实践之中，这一举措并非简单的对教学内容的更新，而是对教育模式和实施路径的根本性重塑。此外，很多职业院校还在不断拓宽数字教育的边界，尝试在线教学和远程教学的新可能，这不仅可以拓宽学习资源的可及范围，还可以显著提升职业教育的灵活性和普及度，使得高质量的职业教育能够跨越地理限制，惠及更广泛的学习群体。由此可见，技术与课程创新是职业教育适应新时代需求的关键手段。通过不断引入和融合前沿技术，职业院校不仅提升了教学质量和教学效率，还为学生提供了与未来工作环境相匹配的技能训练，确保他们毕业后能够适应职场要求，有效应对未来的职业挑战。

第 10 章　全球化背景下我国职业教育的发展策略

10.1　国际合作在职业教育中的作用

在全球经济一体化背景下，职业教育具有了显著的国际化特征，开展高质量的国际合作是提升我国职业教育质量的重要举措。通过开展国际合作，可以有效促进先进教育理念和教学方法的交流，为教学质量的提升和课程内容的多元化开辟有效路径。尤其在全球化不断深入的背景下，国际合作成为驱动职业教育改革与创新的决定性力量。

与国外办学理念先进的职业教育机构开展深入合作，可以促成国内外师资力量和学生的交流互换，同时实现教育资源的共享，这将极大地丰富职业教育在教学方法和课程设计等方面的多样性，同时也为职业院校的广大师生提供了一个难得的学习机会。通过开展国际合作，职业院校能够即时更新教学计划，学习国际上先进的技术知识和管理模式，帮助学生提升国际竞争力。通过跨国的实习项目，学生在掌握最新专业知识的同时，还可以在实践中增强跨文化沟通和国际合作的能力。此外，国际合作还加速了教师队伍的专业成长，教师借此可以更新教学理念，拓宽学术视域，从而有效提升教学质量。

职业教育领域的国际交流合作已经超越了资源和知识的简单交流，成为推动教育全球化进程的关键力量，可以显著提升职业院校的教学质量和学生在国际舞台上的竞争力。随着国际合作的不断深化，将为我国职业教育的长远发展和国际战略部署奠定坚实的基础。

10.2 全球化背景下我国职业教育的不足和发展方向

近年来，在国家和各级地方政府的大力支持下，我国的职业教育正在快速发展，并取得了令人瞩目的成就。但与国际上职业教育办学水平较高的国家相比，我国的职业教育还有很大的提升空间，主要涉及产教融合、课程设置的适应性和个性化水平，以及先进教育科技工具的应用等方面。

（1）产教融合

在探索产教融合策略的过程中，德国推行的双元制教育体系被世界公认为一种富有成效的职业教育模式，很多国家正在积极地学习和引进。双元制教育体系着重强化教育体制与企业真实需求间的紧密联系，使得学生能够在企业环境中积累宝贵的实践经验，同时在教育机构中系统地吸收相关理论知识，其优点在于能确保教学内容与行业市场需求的高度契合，极大地提升学生的职业匹配度和就业竞争力。目前，尽管我国政府已着手推动产教融合发展，并取得了初步的成果，但在实际执行层面仍面临诸多障碍，企业的参与度和职业院校的积极性尚有待提高，其背后的原因复杂多样，包括经济效益驱动力不足、合作机制尚不成熟，以及政策法规支持力度有限等。很多企业担心投资回报率不高，因此对于长期培养学生持审慎态度。另外，校企合作框架缺乏灵活性，难以满足企业和职业教育发展的动态需求，这进一步增加了双方合作的难度。

目前，我国的产教融合实践与既定目标之间存在差距，这制约了我国职业教育总体质量的提升，因此要对职业教育进行多维度的创新与变革，要强化政策导向作用和财政扶持力度、改进合作机制、加深企业利益融合等，这样才能从根本上提升我国职业教育的质量水平，使其符合社会经济发展的实际需求。

（2）灵活性和个性化

在国际职业教育层面，欧美等职业教育发展水平较高的国家已成功实施了职业教育课程结构的个性化与灵活性调整，赋予了学生依据个人兴趣和行业需求自主选择课程的权利，这极大地激发了学生的学习动力，并优化了教育体验。通过定制化的课程设计，不仅贴合了学生多元化的学习诉求，还强化了教育体系对市场动态的敏捷反应力，进而提升了职业教育的全面适应能力和实效性。

相比较而言，我国多数职业院校的课程体系呈现出较为固化的状态，统一性有余而个性化和灵活性不足。职业院校的课程设计多倾向于以达到基础行业标准为目标，而未将学生的个性化兴趣和长远职业生涯规划纳入考量。此外，课程内容的设置也存在偏重理论传授而轻视实践技能锻炼的现象，这在一定程度阻碍了学生潜力的全面发掘，同时也制约了学生创新思维和解决问题能力的培养。

因此，我国的职业教育体系迫切需要在课程设置方面进行深入的革新，应当强化课程的可选择性和适应性，赋予学生依据个人兴趣和职业规划来选择相应课程的权利，这不仅能够激发学生的学习动力，还可以提升学生的综合能力。同时，职业院校应深化与企业之间的合作，及时更新课程内容，以确保教学内容与行业的最新发展趋势保持同步。通过采用融入更多实践导向和项目驱动的教学模式，可以显著增强学生的实践操作能力和创新思维。鉴于产业技术的不断演进，学科和专业间的界定日渐模糊，跨学科课程体系的构建成为增强教育灵活性和个性化的一项有力措施，既能拓宽学生的知识视野，也能帮助学生在未来职场中灵活应对多样化的环境与挑战。

（3）技术应用

在全球范围内，先进的职业教育体系已经整合了虚拟现实、增强现实和在线学习平台等诸多前沿技术，极大地丰富了教育的新形态和新内涵，不仅增强了教学的互动性，还深化了学习体验的真实感。尤其在远程教育实践方面，有效消除了时间和空间的界限，极大地促进了教育资源的可获取性。虽然我国在职业教育领域对先进技术手段的应用已取得初步成果，但与国际领先的职业教育体系相比仍存在差距，主要体现在对前沿技术普及的广度和应用的深度上。目前，尽管部分高等职业院校已初步探索将虚拟现实和增强现实技术运用于教学活动中，但这种实践尚未普及，且多集中于经济较发达区域的职业院校，同时这些技术的运用深度与实践效果也有待提升。在远程教育和交互技术应用层面，尽管在线学习平台已被大范围推广，但其课程内容的交互特性和即时反馈机制仍有待优化。为了促进先进技术应用的优化与效能提升，可以从以下几个方面入手。

第一，增加投资。在教育全球化背景下，要想增强我国职业教育的品质和国际竞争力，加大对教育科技研发与实践的财政投入是一个行之有效的办法。尤其对于职业教育而言，增加投资不仅可以有力推动前沿技术的引入和普及进程，还能确保职业教育的人才培养与全球技术的发展趋势保持同步，具体包括购置或搭建具备前沿技术的教学平台、投资研发有针对性的教育软件、构建并优化线上教育生态系统等。加大对职业教育前沿技术应用的投资力度，不仅能从根本上改善教学质量，还能提升职业院校的革新意识和适应能力。

第二，加强师资培训。增强教师对前沿技术的认识并提升其操作能力，有助于推动职业教育革新和现代化。在信息技术不断发展的背景下，教师的技术能力直接关系着教学质量和学生学习成果的提升。因此，实施具有针对性的专业培训，不仅能够强化教师掌握前沿技术的能力，还能使其更加理解这些技术在教育实践中的运用方式。培训的形式主要包括定期开展技能培训、构建专题交流平台等，培训的核心应着眼于教育策略的创新，探讨新兴技术与教育理念的融合路径，以及前沿技术如何助力破解传统教学瓶颈。

第三，推广成功案例。推广具有代表性的成功案例，可以引导全国各地的职业院校在教学活动广泛采用前沿技术。通过对国内外应用前沿技术的成功经验进行深入剖析与概括，既能为职业院校的领导者提供宝贵的实践经验，又能展示前沿技术对教育领域和社会经济发展的正面效应。此外，教师可以通过成功案例判断哪些前沿技术更适合运用于教学活动，而职业院校则可以通过学习案例的成功经验，调整和完善自身的教学模式和技术融合路径，做出更为科学的技术投资和部署决策。

第四，优化政策环境。提升前沿技术的研发与应用普及，是推进教育现代化进程的关键举措，这需要良好的政策环境。在此过程中，政府的角色至关重要，通过精心构建和优化激励政策体系，不仅可以激发前沿技术的创新活力，还可以促进这些技术的广泛推广，主要措施包括制定税收鼓励政策、直接的财政资助、加强知识产权保护、保障技术应用的安全性和有效性。

10.3 职业教育的国际标准与实践

随着全球化进程的不断加快，推行职业教育的国际标准成为保持其全球竞争力的关键一环。为了确保教育质量能够比肩国际水准，我国的职业教育必须在课程设置、教学质量、学生评价机制和教学硬件设施等诸多核心层面推行标准化策略，这样不仅可以巩固教育品质的统一性，还可以促成职业资质证书的全球通认，为学生开拓出更宽广的国际就业通道。在此过程中，职业院校需要与国际权威认证机构建立合作关系，积极推进国际标准化组织认证及各类别专业领域的国际资质认证，这将显著提升我国职业院校的国际声誉，从而推动教育治理和课程内容的标准化、专业化进程，同时推进教育实践和管理模式的现代化转型。通过采用国际标准，我国的职业院校能够掌握先进的教育理念和技术手段，确保教学内容紧跟国际市场的真实需求，这样不仅可以使学生学习到最前沿的国际技能和知识体系，还能够为其今后走向全球职场奠定坚实的基础。

我国职业教育采用国际标准时不能仅停留在形式上，要从实质上促进职业教育品质与教学质量的全面提升，不仅要培养出具备国际竞争力的优秀人才，还要强化我国职业教育的可持续发展。

10.4 提升我国职业教育国际竞争力的策略

想要提升我国职业教育的国际竞争力，需要制定周密且系统的方案，应注重教育体系整体素质和国际认可度的提升，加速我国职业教育体系与国际标准的融合步伐。

（1）加强与国际顶尖职业院校的合作

加强与国际顶尖职业院校的合作是提升我国职业教育品质和国际竞争力的核心策略，主要涉及学术互访、师资培训、协同开发科研项目和学生互换等多个方面，这不仅能够使我国的职业院校掌握先进的教育观念和教学模式，还能大幅度提升我国职业教育的办学水平。此外，与国际顶尖职业院校共创新型教学模式也是提升我国职业教育水平的有效路径。跨国教育合作不仅赋予了职业教育课程以更广阔的国际视角，还为学生提供了参与国际学术交流的机会，可以帮助学生积累宝贵的实践经验，提升国际竞争力。

（2）加入国际认证

加入国际认证，在全球范围内获得认可，这对于提升我国职业教育在全球范围内的接纳度起着决定性作用。国际认证不仅是验证教育品质的标杆，也是增强我国职业教育国际声誉的有力工具。为此，我国的职业院校必须全方位适应国际教育标准，这涵盖了师资培养、课程设置、学生评价机制等多个维度。在师资培养方面，应积极引入国际上先进的教育观念和教学模式，鼓励教师参与国际培训项目，积极与国外教育专家进行深度互动。在课程设置方面，应注重课程内容的国际化，我国的职业院校需要参考国际标准来规划和调整课程体系，确保课程体系既贴合国内行业的需求，又符合国际职业规范。在学生评价机制方面，学生的评价标准应与国际规范接轨，以确保评价方法与结果的国际普适性。此外，推动职业院校的国际化交流与资源共享、积极参与国际教育质量研讨会和交流活动等也是加入国际认证的重要手段，我国的职业院校可以借此展示教育质量，并学习国际上的先进标准。

（3）加强职业教育品牌的国际推广

职业教育的品牌塑造和推广是提升我国职业教育全球影响力的重要举措。在不断提升内部质量的同时，深入开展国际性的宣传和营销活动，既能塑造我国职业教育的国际形象，也能吸引更多的海外学子来华深造，进而深化我国职业教育的国际性互动与合作。可以通过以下几个方法从不同维度增强我国职业教育品牌的国际推广。

第一，举办国际教育展览会。通过举办国际教育展览会，我国的职业院校能够直接向全世界展示具有中国特色的教学方法、课程架构和教学成效，既能有效提升我国职业院校的品牌认知度，也有利于吸引海外学子和教育机构的关注。

第二，参与国际职业技能竞赛。通过让学生参与国际职业技能竞赛，可以展示我国职业教育的教学成效和学生的技能水平，不仅可以促进学生职业技能的提升，还能在国际舞台展示我国职业院校的良好形象。

第三，广泛利用数字媒体平台。在数字化时代背景下，高效运用社交媒体和网络平台进行推广显得至关重要。通过制作优良的线上素材，可以很好地宣传我国职业教育的优秀实例和创新成就，不仅能让更多的人了解我国的职业教育现状，还能激发海外学子的求学热情。

第四，强化教育成果的国际认证。强化教育成果的国际认证，能够提升我国职业教育的国际声誉，这不仅是对我国职业教育办学质量的高度认可，也是对我国职业院校毕业生的职业资质在全球范围内的广泛认可。

第五，促进国际学术及教育领域的合作交流。通过与国外高等教育机构的合作，可以加深双方在学术研究和文化交流上的联系，涉及协同开发科研项目、教师与学生的互访交流、开展课程互认等诸多方面，可以为广大师生搭建国际化的学习与教学舞台，促进职业院校在教育方法和教学内容方面的国际交流。

第11章　实证研究——基于我国31个省、自治区、直辖市的统计数据分析

11.1　我国不同地区各行业就业人数比较分析

根据2022年我国各省、自治区、直辖市按行业划分城镇单位的就业情况（表11-1）可知，我国不同地区的经济增长和就业结构存在显著差异。以广东省为例，广东省2022年的城镇单位就业人员数量是2066.6万，居全国首位，不仅彰显了广东省作为我国经济强省的显赫地位，也反映了广东省经济活动的高度密集化和产业门类的多样性，特别是在制造业领域，广东省吸纳就业了782.2万人，约占全省总就业人数的37.8%，这一比重远超我国的其他省份，有力地证明了制造业在广东省经济构成中的核心支柱地位。而西藏自治区的就业人员数量仅为42.6万人，与广东省形成了强烈反差，这既反映出我国经济发展的空间不均衡性，也折射出西藏自治区在经济发展成熟度和产业结构上存在不足。这种地区间经济增长与就业结构的差异，表明了我国经济发展路径的复杂多元性，广东省的情况凸显了其国民经济领头羊的地位及经济结构的多元化优势，而西藏自治区的现状则表明了我国在促进区域经济均衡发展、推动产业转型升级等方面仍然面临着艰巨的任务。

深入剖析我国不同省份各行业就业情况的相关数据可以发现，江苏省和浙江省在制造业领域的就业人数遥遥领先，分别是444.9万和320.7万，这不仅表明两省是我国东部地区的制造业重镇，也显示出制造业在当地经

济架构中的支柱角色。在服务业领域，特别是教育与卫生及社会工作部门，在全国范围内展示出就业人数的稳健发展态势。以四川省为例，教育行业吸纳入职者 117.7 万人，卫生及社会工作领域有 69.2 万人，这不仅彰显了服务业在劳动力市场中的基石地位，也预示着服务业将成为驱动我国未来经济增长的关键新动力。

上述数据不仅体现了我国经济结构的多元性与复杂度，同时也揭示了经济发展与就业结构布局之间的深刻联系。制造业作为我国经济的传统支柱行业，在一些区域依旧保持着强劲的就业吸纳力，而服务业的蓬勃兴起则标志着从制造业主导到服务驱动型经济的转型趋势。这一转型不仅体现在服务业就业人数的稳定攀升，更在于其在提升就业品质、促进社会福利等方面的潜在贡献。为了促进经济的平衡发展，我国应继续强化制造业的技术革新与产业升级，同时大力发展服务业，尤其是教育、卫生和社会工作等部门，以适应民众不断增长的服务需求。我国经济发展与产业结构的调整与升级将提供更多高质量的就业机会，推动经济的持续繁荣，促进社会的整体进步。

在就业方面，以江苏省、浙江省、广东省为代表的东部沿海省份总体就业规模明显超越了中西部地区，这一现象不仅反映出我国经济发展的区域不平衡特性，还彰显了东部地区因先进的产业布局和活跃的经济活动而具备更强的就业吸引力。相反，如青海省、西藏自治区等西部地区，就业人数相形见绌，这一情况既是自然地理条件制约的结果，也体现了这一地区在经济发展层次、产业结构转型及经济活力等方面与东部沿海地区的差异。这种跨区域的就业差别凸显了我国经济增长的多维度特征，也深刻揭示了经济发展对区域就业格局的决定性作用。东部沿海地区作为我国改革开放与经济发展的前沿区域，其产业集群的集聚效应、开放的经济生态及现代化基础设施等多重因素共同促进了该区域就业容量的扩充及经济活动的密集。相比较而言，部分中西部地区因地理位置边远、经济基础薄弱及产业结构单一等原因导致就业增长和经济活动强度相对滞后。为缩小这种区域间的就业差异，我国需要综合施策，主要涵盖产业升级转型的推进、基础设施的强化建设、区域开放度的提升及外资引入等多个方面。同时，在政策层面需要加大对中西部地区的扶持力度，借助产业扶贫、教育训练和就业服务等手段，增强这些区域的经济发展潜力和大众就业能力，进而推动全国经济的均衡化发展，最终实现区域经济发展与就业结构优化的协同增长目标。

通过对当前宏观经济形势和劳动力市场情况进行分析，我国不同地区的就业结构与经济发展层次存在密切的关联性，因此想要缩小地区间经济与就业差距、推动区域经济均衡发展需要进行统筹考虑。为了促进经济增长的均衡性，核心策略应聚焦于各地产业配置的优化，加速高科技产业与服务业的成长步伐，并加强区域经济的协同与资源的共享，尤其是激活中西部地区的经济活力和竞争力，以促进全国就业市场的稳固和社会经济的全面兴盛。要想实现这一目标，就必须采取多元化的策略与举措。首先，当地政府要增强对创新引领发展战略的投入力度，借助科技革新为高科技产业和服务业注入新动力，为经济增长提供新动能。其次，要构建和优化跨区域的协同发展模式，依托政策导向和财政扶持，引导资金、技术和人力资源向中西部地区流动，从而增强这些地区经济的吸引力和增长潜力。最后，要加强教育培训体系的构建，不断提升劳动者的技能水平与综合素质，这样才能适应未来的经济发展和产业结构的不断升级。

表 11-1　2022 年我国各省、自治区、直辖市按行业划分城镇单位就业人员数量情况

省份	城镇单位就业人员数量（万人）	农林牧渔业城镇单位就业人员数量（万人）	采矿业城镇单位就业人员数量（万人）	制造业城镇单位就业人员数量（万人）	电力、热力、燃气及水生产和供应业城镇单位就业人员数量（万人）	建筑业城镇单位就业人员数量（万人）	交通运输、仓储和邮政业城镇单位就业人员数量（万人）	信息传输、软件和信息技术服务业城镇单位就业人员数量（万人）	批发和零售业城镇单位就业人员数量（万人）	住宿和餐饮业城镇单位就业人员数量（万人）	金融业城镇单位就业人员数量（万人）	房地产业城镇单位就业人员数量（万人）	租赁和商务服务业城镇单位就业人员数量（万人）	科学研究和技术服务业城镇单位就业人员数量（万人）	水利、环境和公共设施管理业城镇单位就业人员数量（万人）	居民服务、修理和其他服务业城镇单位就业人员数量（万人）	教育业城镇单位就业人员数量（万人）	卫生和社会工作城镇单位就业人员数量（万人）	文化、体育和娱乐业城镇单位就业人员数量（万人）	公共管理、社会保障和社会组织城镇单位就业人员数量（万人）
北京市	747.1	1.5	2.6	57.4	9.3	44.9	52.4	100.9	50.8	27.2	58.6	45.2	70.2	62.4	11.4	5.9	49.0	35.5	18.6	43.3
天津市	243.3	0.3	5.3	63.2	4.2	18.3	15.0	7.0	15.6	4.5	13.8	9.5	12.7	11.1	2.7	5.5	21.0	12.4	1.4	19.9
河北省	561.1	1.9	14.9	97.0	18.5	36.3	28.7	12.0	20.1	4.1	32.2	10.5	19.5	14.3	10.7	2.5	84.0	48.8	5.2	99.9
山西省	438.3	1.4	86.4	57.3	16.2	25.2	23.2	5.1	14.3	3.9	23.1	6.2	11.6	7.5	6.8	0.8	54.2	27.3	4.1	63.7
内蒙古自治区	265.5	7.0	11.0	37.5	14.3	8.3	19.6	4.5	7.9	2.2	16.4	5.4	4.8	5.6	4.7	0.6	36.5	20.7	2.9	55.4
辽宁省	443.7	6.7	17.2	93.0	14.8	24.7	28.9	13.8	15.9	4.2	23.8	11.0	12.9	10.1	8.2	1.6	54.5	34.7	3.8	64.1
吉林省	242.3	5.2	5.4	41.2	9.6	11.9	15.1	4.9	8.2	1.7	17.0	4.5	4.2	6.3	5.9	1.5	35.0	21.9	3.0	39.8
黑龙江省	297.9	17.5	22.1	25.9	14.7	11.5	22.5	5.9	10.1	1.5	17.0	4.8	12.5	5.7	6.5	1.2	38.7	26.1	2.3	51.4
上海市	672.3	0.8	0.2	127.5	3.4	27.1	44.8	54.4	91.9	26.3	34.8	27.4	79.2	38.4	12.8	10.2	37.6	31.3	5.6	18.8
江苏省	1283	2.4	5.3	444.9	15.1	227.5	42.0	35.1	53.4	20.1	40.4	28.2	44.2	28.1	13.4	5.6	112.0	62.9	8.7	93.6
浙江省	1041.4	0.7	0.4	320.7	13.2	159.1	32.9	34.4	44.0	14.2	44.2	30.2	73.0	22.7	11.3	4.8	89.4	58.4	6.9	80.8

续表 1

省份	城镇单位就业人员数量（万人）	农林牧渔业城镇单位就业人员数量（万人）	采矿业城镇单位就业人员数量（万人）	制造业城镇单位就业人员数量（万人）	电力、热力、燃气及水生产和供应业城镇单位就业人员数量（万人）	建筑业城镇单位就业人员数量（万人）	交通运输、仓储和邮政业城镇单位就业人员数量（万人）	信息传输、软件和信息技术服务业城镇单位就业人员数量（万人）	批发和零售业城镇单位就业人员数量（万人）	住宿和餐饮业城镇单位就业人员数量（万人）	金融业城镇单位就业人员数量（万人）	房地产业城镇单位就业人员数量（万人）	租赁和商务服务业城镇单位就业人员数量（万人）	科学研究和技术服务业城镇单位就业人员数量（万人）	水利、环境和公共设施管理业城镇单位就业人员数量（万人）	居民服务、修理和其他服务业城镇单位就业人员数量（万人）	教育业城镇单位就业人员数量（万人）	卫生和社会工作城镇单位就业人员数量（万人）	文化、体育和娱乐业城镇单位就业人员数量（万人）	公共管理、社会保障和社会组织城镇单位就业人员数量（万人）
安徽省	576.8	2.3	11.9	141.4	9.7	93.9	26.1	11.7	23.9	6.2	19.1	15.3	21.9	11.7	8.9	2.7	68.9	37.4	3.6	60.2
福建省	559.2	1.1	1.4	150.5	11.0	110.1	21.4	10.4	24.1	9.3	20.5	16.3	18.5	8.0	7.0	3.8	63.0	27.4	3.8	51.7
江西省	436.9	1.6	2.6	100.2	9.6	69.3	17.2	5.7	17.5	4.4	15.7	9.0	8.2	7.4	7.0	1.3	64.0	29.5	3.2	63.4
山东省	1081.5	1.1	25.1	273.6	27.9	128.8	45.3	19.7	43.4	11.9	57.7	28.7	25.8	23.1	15.7	3.5	129.2	77.3	7.9	135.9
河南省	873.9	1.5	25.6	179.1	21.3	119.4	36.2	18.6	31.5	7.0	25.2	23.6	26.8	18.0	16.2	5.6	119.5	71.1	6.7	120.9
湖北省	639.8	1.8	3.4	133.1	13.7	100.1	27.5	16.7	32.1	8.6	21.2	19.7	25.6	17.5	9.4	2.7	75.7	48.0	6.1	77.2
湖南省	589.9	1.8	4.1	102.5	15.8	93.6	23.5	8.9	22.8	6.2	27.2	14.2	14.3	12.9	9.4	2.6	88.8	48.0	6.1	87.1
广东省	2066.6	1.9	1.5	782.2	26.8	119.6	80.0	83.9	109.1	40.5	79.0	90.8	130.6	52.4	22.4	13.0	169.7	96.9	12.5	154.0
广西壮族自治区	395.8	3.1	0.8	55.7	10.8	44.2	17.3	5.7	14.2	4.6	16.0	8.5	17.2	9.1	7.1	1.4	78.9	39.2	3.3	58.8
海南省	109.2	3.6	0.5	8.5	2.3	4.0	7.1	2.5	7.8	4.7	5.5	8.7	3.8	3.2	5.4	0.6	16.9	8.1	1.6	14.3
重庆市	345.2	0.5	0.7	65.2	6.4	58.9	20.0	6.1	15.6	3.5	20.1	15.0	14.5	8.4	3.9	1.0	42.8	22.5	2.6	37.6

续表 2

省份	城镇单位就业人员数量（万人）	农林牧渔业城镇单位就业人员数量（万人）	采矿业城镇单位就业人员数量（万人）	制造业城镇单位就业人员数量（万人）	电力、热力、燃气及水生产和供应业城镇单位就业人员数量（万人）	建筑业城镇单位就业人员数量（万人）	交通运输、仓储和邮政业城镇单位就业人员数量（万人）	信息传输、软件和信息技术服务业城镇单位就业人员数量（万人）	批发和零售业城镇单位就业人员数量（万人）	住宿和餐饮业城镇单位就业人员数量（万人）	金融业城镇单位就业人员数量（万人）	房地产业城镇单位就业人员数量（万人）	租赁和商务服务业城镇单位就业人员数量（万人）	科学研究和技术服务业城镇单位就业人员数量（万人）	水利、环境和公共设施管理业城镇单位就业人员数量（万人）	居民服务、修理和其他服务业城镇单位就业人员数量（万人）	教育业城镇单位就业人员数量（万人）	卫生和社会工作城镇单位就业人员数量（万人）	文化、体育和娱乐业城镇单位就业人员数量（万人）	公共管理、社会保障和社会组织城镇单位就业人员数量（万人）
四川省	881.4	2.3	11.2	148.7	22.7	132.3	34.7	26.4	36.8	15.5	35.5	30.9	36.1	24.5	11.3	4.6	117.7	69.2	7.3	113.8
贵州省	327.3	1.3	16.7	32.6	8.9	34.0	12.1	4.5	11.7	3.1	13.0	8.7	7.8	5.3	5.3	2.0	58.0	29.6	2.4	70.1
云南省	355.3	2.4	5.5	37.7	10.8	28.5	15.9	5.0	14.8	4.6	12.1	9.2	11.6	9.3	7.1	1.6	66.2	36.4	3.6	73.0
西藏自治区	42.6	0.2	0.8	1.6	1.4	2.8	2.2	1.2	2.3	0.6	1.9	0.7	1.7	1.1	0.6	0.2	5.3	2.2	0.6	15.2
陕西省	471.6	1.7	28.5	79.1	14.5	47.4	25.8	14.3	21.3	8.2	19.8	13.0	11.3	13.4	9.0	1.9	62.0	35.0	5.4	60.1
甘肃省	257.5	2.0	7.6	28.3	10.8	27.9	13.1	3.3	9.7	2.8	11.6	6.7	4.4	7.9	5.0	0.7	41.2	21.1	2.8	50.6
青海省	65.8	0.8	2.6	10.2	2.4	3.3	4.8	1.0	2.1	0.4	2.6	1.7	1.3	1.9	0.9	0.2	8.4	5.7	0.7	14.7
宁夏回族自治区	71.2	0.5	6.0	11.0	4.1	2.3	4.1	1.0	2.5	0.3	3.6	1.6	1.3	1.6	1.8	0.1	10.7	5.8	0.9	12.0
新疆维吾尔自治区	317.1	2.4	13.8	31.7	11.3	20.1	16.8	4.4	10.0	2.6	10.5	6.3	10.7	6.8	5.9	0.5	51.9	24.2	2.8	84.5

表 11-2 我国各省份的经济特点和就业特征

省份	经济特点	就业特征
江苏省	我国东部地区制造业基地，制造业就业人数显著领先	以制造业为重心，高技能人才集中
浙江省	我国东部地区制造业基地，制造业就业人数显著领先	制造业与高新技术产业并重，创新能力强
广东省	经济活动高度集中，产业多元化，制造业处于核心地位	制造业、服务业和高新技术产业全面发展，人才多元化
四川省	服务业在就业市场中占有重要位置，服务经济为潜在增长点	服务业发展迅速，教育与卫生领域人才需求量大
北京市	国家政治、经济、文化中心，高新技术产业和服务业发达	高端服务业与科技创新人才聚集
天津市	我国北方重要的港口城市，制造业和物流业发达	港口物流与制造业并重，技术与操作型人才需求量大
河北省	我国重要的制造业基地，钢铁资源丰富	工业与农业并重，技术人才与劳动力需求均衡
山西省	我国的能源重化工基地，煤炭产量大	以能源矿产行业为主，技术与技工人才需求量大
内蒙古自治区	资源型经济特征明显，煤炭和稀土资源丰富	以矿产资源开发与加工业为主，矿产与机械人才需求量
辽宁省	我国的传统工业基地，装备制造和船舶重工业突出	技术人才和服务业人才并重
吉林省	我国的农业大省，汽车制造和食品加工业发达	新兴产业技术人才需求量大
黑龙江省	资源丰富，重点发展装备制造和农业深加工	旅游与农业加工业人才需求量大
上海市	国际化大都市，金融服务、贸易物流和高科技产业集聚	国际化人才聚集
安徽省	制造业和农业并重，家电和纺织业较为发达	家电与纺织业技术人才需求量大
福建省	经济活力强，电子信息和机械制造业发达	技术创新人才需求量大
江西省	我国的农业大省，新能源和食品加工业发展较快	农业科技与食品加工技术人才需求量大

续表

省份	经济特点	就业特征
山东省	我国重要的经济大省，拥有多元化的产业体系	现代服务业和高端制造业人才需求量大
河南省	我国的人口大省，农业和轻工业基础坚实	农业和轻工业技术人才需求量大
湖北省	制造业和高新技术产业并重，汽车制造业突出	汽车制造与高新技术产业并重，技术与研发人才需求量大
湖南省	我国的农业大省，食品加工和电子信息产业发展迅速	现代农业和服务业技术人才需求量大
广西壮族自治区	多民族地区，旅游资源丰富，农业基础较强	以旅游和农业为主，服务业与农业技术人才需求量大
海南省	旅游和热带高效农业发展较快	旅游业发达，旅游管理与服务业技术人才需求量大
重庆市	我国西部地区重要的经济中心，制造业和服务业并重	制造业与服务业技术人才需求量大
贵州省	多民族地区，旅游和矿产资源开发是经济支柱	旅游服务与矿业技术人才需求量大
云南省	多民族地区，旅游业和农业是经济支柱	旅游服务与农业技术人才需求量大
西藏自治区	高原地区，旅游资源和矿产资源丰富	旅游与矿产资源开发技术人才需求量大
陕西省	我国的能源重化工基地，煤炭和石油化工产业发达	能源化工和矿产技术人才需求量大
甘肃省	农业和畜牧业基础坚实，新能源发展迅速	农牧业和新能源开发技术人才需求量大
青海省	主要经济特色是旅游和牧业	旅游与牧业并重，服务业与牧业技术人才需求量大
宁夏回族自治区	多民族地区，农牧业和矿产资源开发是经济支柱	农牧业和矿产开发技术人才需求量大
新疆维吾尔自治区	多民族地区，天然气、农牧业和矿产资源开发是经济支柱	以天然气、石油开发和农业为主，矿产能源与农业技术人才需求量大

11.2 我国不同地区经济发展情况分析

根据表 11-3 的相关数据可以深入洞察我国不同地区的生产总值及产业构成比例。如广东省、江苏省、浙江省等东部沿海地区省份，其地区生产总值显著高于其他省份，这与这些地区较高的经济发展层次、产业聚集效应及对外开放水平密切相关。以江苏省和广东省为例，其地区生产总值分别为 122089.3 亿元和 129513.6 亿元，两者均大幅领先中西部地区的其他省份。这一情况凸显了我国东部沿海地区作为改革开放先驱的独特地位，其经济发展的成熟度与活力尤为显著。

通过对第一、第二、第三产业增加值的观察不难发现，经济发达省份的第三产业增加值所占比例普遍较高，凸显了服务业在其地区经济增长过程中的权重日益增加，以及经济体系向更高级别的服务导向型经济转变的趋势。以上海市为例，其第三产业增加值为 33302 亿元，占比超过地区生产总值的 74%。服务业的成长有利于增强经济的抵抗力与持续发展潜力。相比之下，我国的中西部地区，如甘肃省、青海省等地，其第一产业和第二产业增加值在地区生产总值中的占比过于显著，这一情况与当地经济对资源的依赖性及较低的工业化程度密切相关，这些地区未来发展的关键在于推动产业升级及经济结构的合理化调整。至于西藏自治区与新疆维吾尔自治区这类具有独特地理与文化背景的地区，其经济结构展现出鲜明的地方特色。尽管西藏自治区的第一产业增加值不高，却在地区生产总值中占据较大比重，这与该地区传统的农牧生活方式紧密相关。

表 11-3 2022 年我国各省份的国民经济核算数据

省份	地区生产总值（亿元）	第一产业增加值（亿元）	第二产业增加值（亿元）	第三产业增加值（亿元）
北京市	41540.9	111.5	6635.6	34793.7
天津市	16132.2	273.2	5982.3	9876.7

续表

省份	地区生产总值（亿元）	第一产业增加值（亿元）	第二产业增加值（亿元）	第三产业增加值（亿元）
河北省	41988.0	4408.6	16129.6	21449.8
山西省	25583.9	1335.3	13848.5	10400.0
内蒙古自治区	23388.9	2655.1	11352.5	9381.3
辽宁省	28826.1	2598.0	11363.6	14864.5
吉林省	12818.1	1689.1	4370.2	6758.7
黑龙江省	15831.5	3635.3	4576.7	7619.4
上海市	44809.1	100.0	11407.2	33302.0
江苏省	122089.3	4964.2	54886.1	62239.0
浙江省	78060.6	2185.2	32973.8	42901.6
安徽省	44607.7	3516.5	17946.8	23144.4
福建省	51765.1	3077.6	23125.3	25562.2
江西省	31213.8	2466.5	13483.0	15264.4
山东省	87576.9	6296.5	34562.3	46718.1
河南省	58220.1	5731.3	22140.6	30348.2
湖北省	52741.7	4982.1	19793.7	27965.8
湖南省	47558.6	4601.4	17899.8	25057.4
广东省	129513.6	5350.1	52620.7	71542.7
广西壮族自治区	26186.1	4270.4	8819.3	13096.3
海南省	6889.6	1417.9	1308.7	4163.1
重庆市	28576.1	2012.6	11047.4	15516.1
四川省	56610.2	5965.5	20591.4	30053.3
贵州省	20010.4	2862.3	7052.7	10095.4
云南省	28556.1	4001.9	10120.3	14433.9
西藏自治区	2150.2	186.2	787.1	1176.8
陕西省	32838.2	2575.0	15937.2	14326.0
甘肃省	11121.4	1499.7	3928.3	5693.4
青海省	3623.3	379.2	1591.0	1653.0
宁夏回族自治区	5104.6	407.5	2439.1	2258.0
新疆维吾尔自治区	18042.7	2653.9	7412.3	7976.4

11.3 就业人数与区域经济增长的相关性分析

在统计学领域，相关性分析是一种常用的分析方法，其核心要义在于探究和评估两个变量间是否呈现统计意义上的关联性，并阐述这种关联性的强度和方向，以此揭示变量间的线性关系特征。实施这类分析时，通常借由计算相关系数来量化相关程度，其中，皮尔逊相关系数因应用范围广泛而被公认为衡量相关性的重要标准之一。该系数的应用范畴遍布多个科学研究领域，涵盖心理学、经济学数据分析、生物统计学及社会科学等诸多方面，研究人员借此统计手段得以深刻揭示变量间的关联属性及线性关系的本质规律。

关联性分析的理论基础在于对两个连续变量间线性关联的系统性评价。具体而言，若两个变量在变动趋势上显现出同步性，即一个变量的数值上升时，另一个变量的数值也随之上升，一个变量的数值下降时，另一变量的数值也随之下降，则认为这两者间存在正向关联。反之，如果一个变量的数值上升而另一个变量的数值下降，则认为两者间存在负向关联。皮尔逊相关系数的计算就是基于这两个变量的协方差与它们各自标准差的乘积之比来精确衡量这种线性相关性，可以通过以下公式计算得出：

$$r=\frac{\sum(x_i-\overline{x})(y_i-\overline{y})}{\sqrt{\sum(x_i-\overline{x})^2\sum(y_i-\overline{y})^2}}$$

公式中，x_i 和 y_i 分别表示两个变量的观测值，$\overline{x}$ 和 $\overline{y}$ 表示观测值的平均值，r 的值范围介于－1 至 1 之间，其中 1 表示完全正相关，－1 表示完全负相关，0 表示无线性相关。运用 SPSS 软件，将我国 2022 年不同行业的就业人员数量及第一、第二、第三产业增加值作为变量选入变量列表框执行相关分析，得出表 11-4 所示结果。为了进一步分析东部、中部和西部地区就业人员数量与产业发展的关系，汇总整理得出 3 个地区不同行业的就业人员数量，再将其与第一、第二、第三产业增加值作为变量选入变量列表框执行相关分析，得出表 11-5 所示结果。

表 11-4　不同行业的就业人员数量与经济增长的相关系数

不同行业的就业人员数量	第一产业增加值	第二产业增加值	第三产业增加值
城镇单位就业人员数量	.599 * *	.919 * *	.969 * *
农林牧渔业城镇单位就业人员数量	0.143	−0.160	−0.189
采矿业城镇单位就业人员数量	0.078	0.010	−0.115
制造业城镇单位就业人员数量	.505 * *	.923 * *	.910 * *
电力、热力、燃气及水生产和供应业城镇单位就业人员数量	.832 * *	.684 * *	.628 * *
建筑业城镇单位就业人员数量	.657 * *	.889 * *	.838 * *
交通运输、仓储和邮政业城镇单位就业人员数量	.453 *	.754 * *	.902 * *
信息传输、软件和信息技术服务业城镇单位就业人员数量	0.058	.479 * *	.736 * *
批发和零售业城镇单位就业人员数量	0.279	.703 * *	.874 * *
住宿和餐饮业城镇单位就业人员数量	0.216	.667 * *	.858 * *
金融业城镇单位就业人员数量	.429 *	.756 * *	.901 * *
房地产业城镇单位就业人员数量	.371 *	.724 * *	.872 * *
租赁和商务服务业城镇单位就业人员数量	0.198	.655 * *	.838 * *
科学研究和技术服务业城镇单位就业人员数量	0.171	.537 * *	.790 * *
水利、环境和公共设施管理业城镇单位就业人员数量	.650 * *	.801 * *	.895 * *
居民服务、修理和其他服务业城镇单位就业人员数量	0.235	.640 * *	.814 * *
教育业城镇单位就业人员数量	.855 * *	.854 * *	.837 * *
卫生和社会工作城镇单位就业人员数量	.816 * *	.845 * *	.872 * *
文化、体育和娱乐业城镇单位就业人员数量	0.303	.562 * *	.769 * *
公共管理、社会保障和社会组织城镇单位就业人员数量	.874 * *	.753 * *	.704 * *

表 11-5 不同区域各行业就业人数与经济增长的相关系数

		第一产业增加值	第二产业增加值	第三产业增加值
东部城镇单位就业人数	皮尔逊相关系数	.621*	.890**	.966**
	显著性	0.042	0.000	0.000
	个案数	11	11	11
中部城镇单位就业人数	皮尔逊相关系数	.795*	.941**	.943**
	显著性	0.018	0.000	0.000
	个案数	8	8	8
西部城镇单位就业人数	皮尔逊相关系数	.907**	.926**	.971**
	显著性	0.000	0.000	0.000
	个案数	12	12	12

注：“*”在 0.05 级别（双尾），相关性显著；“**”在 0.01 级别（双尾），相关性显著。

以上表格中的数据显示，城镇单位就业人员数量与第一、第二、第三产业增加值之间存在较强正相关性，相关系数分别达到 0.599、0.919 和 0.969。这表明，各产业增加值的稳步上扬趋势直接关联着相应领域就业人员数量的显著增加。特别是在制造业、建筑业、金融业等支柱产业中，产业增加值与就业人员数量呈现高度相关性，不仅彰显了这些产业在经济发展中的核心地位，还揭示了它们在增加就业方面的重要价值。

当我们将关注点转向农林牧渔业、采矿业等传统产业领域时，不难发现它们与产业增加值的关联度相对偏低，甚至呈现负向关联的趋势。这表明，在当今产业升级和经济发展的背景下，这些产业对于推动就业增长率的效能已有所减退。尽管这些产业历史上在经济结构中曾占据举足轻重的位置，但在经济结构调整和产业升级的进程中，它们作为促进就业的关键角色正逐步淡化。

随着经济的发展和产业构造的不断优化，产业发展对劳动力市场的波及展现出了日趋繁复和多维度的特点，这使得政府相关部门在设计和执行相关政策措施时，需愈发精细考量产业发展与就业增量间的内在联系。具体而言，决策者与经济政策制定者应更加关注那些具备高附加值，并且能广泛激发就业潜能的经济领域，通过这些领域的优先发展，进一步提升就业的质量与容量，借此引领区域经济的可持续性发展。

通过探究各区域城镇劳动人口与行业发展的相互作用关系，可以明显发现不同区域存在的特性差异。例如，东部地区的城镇单位就业人数与第一、第二、第三产业增加值之间的皮尔逊相关系数分别为 0.621、0.890 和 0.966，这些数据充分证明东部地区的就业规模与产业升级之间存在着紧密且正向的关联性。特别是在第三产业领域，这一关联性表现得尤为突出。这种状况可阐释为东部地区的服务业与其他第三产业的高速发展态势，及其对劳动力市场产生的显著影响。

在分析中部地区的状况时，可以看到城镇单位就业人数与产业增加值之间的关联度分别为 0.795、0.941、0.943，这些数据强烈暗示了中部地区的就业状况与产业扩张之间存在着显著的正相关联系，尤其是在第二和第三产业领域，这充分说明中部地区第二和第三产业领域的快速增长趋势，及其在推动就业率提升方面扮演的关键角色。

在分析西部地区的状况时，可以看到城镇单位就业人数与产业增加值之间的关联度指标更为突出，具体数值为 0.907、0.926、0.971，这有力地揭示了西部地区产业发展对吸纳就业的决定性作用，特别是在第三产业领域，这一效应更为显著。这反映出西部地区近年来在产业结构转型升级、加速服务业与其他第三产业扩张方面的显著成果，为区域内部提供了大量的劳动岗位资源。

经过上述分析，我们不仅能揭示各区域在产业发展和就业增长率方面的显著差异，还能深刻理解第三产业在全国范围推动就业增长的核心作用。鉴于此，为了实现就业与经济增长的协同效应，各区域需根据自身的产业特色与优势，设计并实施更加精准的政策举措。尤其需要加大对第三产业的关注和支持力度，充分探索并发挥其在促进就业方面的巨大潜力，为促成经济全面发展与社会长期稳定打下坚实的基础。

通过上述分析可知，我国经济结构经历深刻转型期间，第二和第三产业已成长为拉动经济增长及增加就业机会的主导驱动力。在此背景下，第三产业在扩大就业方面做出了卓越贡献，这不仅体现了服务业在我国国民经济发展中的显著地位，也反映了我国经济增长模式正向更高程度的知识密集与服务导向转型。通过横向比对各区域的现状，可以看到不同区域的发展差异。东部地区作为我国工业化与城镇化进程的先驱，其产业增加值与就业规模之间的紧密联结验证了该区域经济发展的成熟水平。尽管西部地区的经济起步相对滞后，但近年来借助有效的政策措施引导和资源优化配置，正展示出强有力的经济增长势头，尤其是在促进就业方面表现抢眼。

上述分析结论充分说明了在经济政策规划中重视就业增长、推动区域均衡发展及加速产业升级的必要性，这也为我国区域发展政策的制定提供了重要参考。因此，加强对第二、第三产业的扶持力度，并精确识别各区域经济发展的阶段与特性，将是构筑未来区域经济发展战略的要点。尤为重要的是，要深入探索第三产业在扩大就业方面的潜在价值，通过第三产业的发展促进区域发展的均衡性，以期达成全国经济的和谐增长。

11.4 我国不同地区职业教育效率评价

(1) 评价模型及评价方法

为了探究我国各地区职业教育资金投入的产业效能，本书计划采用数据包络分析方法进行评估。数据包络分析作为一种依赖于前沿评估的非参数技术手段，旨在衡量各决策实体的生产力效率。这些决策实体涵盖了企业、医疗机构、教育机构等诸多领域，它们通过消耗多种资源（如资金、人力资源等）来产生多类输出结果。数据包络分析方法的根本在于运用数学规划策略界定相对效率水平，其基本理论框架涵盖以下 4 个方面。

第一，构设效能前沿。借助数据包络分析模型，通过详尽剖析各个决策实体的输入、输出数据，可以得到效能前沿，也可称其为生产可能性边界。此边界标识了在特定输入量约束下能够实现的产出上限，以及在既定产出目标下所需的最低投入量，从而界定效率的最佳实践范围。

第二，相对效率的评估。数据包络分析方法通过将各个决策实体的表现与效能前沿进行对比，从而对相对效率做出评估。当一个决策实体正好处于效能前沿之上时，表明其效率达到了最佳状态，即效率评价值为 1。相反，若该决策实体处于效能前沿之下，则说明它在至少某一个评价指标上相较于其他决策实体表现不足，进而获得小于 1 的效率评价值。

第三，采用线性规划。在数据包络分析模型中，一般采用线性规划的方法来估量各个决策实体的效率指标。这一过程涉及优化输入与输出的加权和，以此来达成最大化（当关注产出时）或最小化（当关注投入时）目标函数的值，从而揭示出各决策实体相对其同行的效率指标。

第四，多种输入与输出参数。数据包络分析模型的一大特点是其具有多维度处理能力，即能够同时对多种输入与输出参数进行评估，这对于那些无法仅通过单一输入或输出指标来精确评判绩效的情况而言尤为适用。

作为一种分析工具，数据包络分析已在经济学、管理学、医疗卫生及教育等多个领域内得到广泛应用，助力各组织机构优化资源分配、增强运作效能。数据包络分析的核心优势在于无需预先设定输入与输出变量间的函数关系，具备处理多维度输入与输出的能力，通过提供直观的效率评价结果，有效指出表现短板区域。实施数据包络分析的步骤如下所示。

第一，数据收集，收集所有决策实体的输入和输出数据。

第二，模型选择，依据研究课题的具体需求，选用固定规模回报的 CCR 模型或变异数规模回报的 BCC 模型进行分析。

第三，规划求解，运用线性规划方法解析数据包络分析模型，评估各个决策实体的效率指标。

第四，效率分析，通过对效率指标的深入剖析，辨识出效能表现欠佳的决策实体，并探索实现效率提升的可行路径与策略。

（2）数据包络分析模型理论

数据包络分析作为一种非参数手段，旨在衡量具有多维度输入与输出的决策实体间的相对效能，此方法最初由 Charnes、Cooper 和 Rhodes 于 1978 年引入。其根本理念在于运用线性规划方法构建效能评估框架，通过对各决策实体资源投入与成果产出比例的比对，评判其效能水平。其中，最为基础的模型是 CCR 模型，该模型专注于评估在固定规模报酬假设下（即决策实体规模的变化不影响其效能评价的情况下）的效能。当输入增量的相对比值大于输出增量的相对比值，表明投入产出的效果不理想，可以称之为规模效益递减。反之，如果输出增量的相对比值大于输入增量的相对比值，则可称之为规模效益递增。通过规模效益的分析，各决策实体可以有效地进行资源投入和有效产出的调整，有利于资源的合理配置和最大化利用，其 C^2R 模型如下所示：

设有 n 个 DMU_j（$j=1, \cdots, m$），DMU_j 的输入、输出向量分别为 $x_j=(x_{1j}, x_{2j}, \cdots, x_{mj})^T$ 和 $y_j=(y_{1j}, y_{2j}, \cdots, y_{sj})^T$，对固定的 J_0（$1\leqslant j_0\leqslant n$）构造如下线性规划模型。

$$\begin{cases}\max \overline{\omega} \\ \sum_{j=1}^{n}\lambda_j x_{ij}\leqslant x_{ij_0}, \ i=1, \cdots, m \\ \sum_{j=1}^{n}\lambda_j y_{kj}\geqslant y_{kj_0}\overline{\omega}, \ k=1, \cdots, p \\ \lambda_j\geqslant 0, \ \overline{\omega}\geqslant 0, \ j=1, \cdots, n\end{cases} \quad ①$$

表达式①中，n 为决策实体的个数，m 为投入个数，p 为产出个数。λ_j（$j=1, 2, \cdots, n$）为 n 个决策实体的某种组合权重，x_{ij_0} 和 y_{kj_0} 为所评价的第 j_0 个决策实体的投入和产出向量，$\sum_{j=1}^{n}\lambda_j x_j$ 和 $\sum_{j=1}^{n}\lambda_j y_j$ 为按这种权重组合的虚构决策实体的投入和产出向量。该模型是从投入不变、产出增加的角度来研究产出的有效性，适合于输入指标变动不大或较稳定地维持在某一较小区间内的情况。由于表达式①的限制式个数大于变量个数，可以将上式转换成其对偶模式，转换后可表示为唯一的包络形式，引入松弛变量 s^+ 和 s^-，可以从产出不变、投入减少的角度构造基于等式约束的线性规划模型。

$$\begin{cases} \min \theta \\ \sum_{j=1}^{n} \lambda_j x_j + s^- = \theta x_{j0} \\ \sum_{j=1}^{n} \lambda_j y_j - s^+ = y_{j0} \\ \lambda_j \geqslant 0, \ j = 1, 2, \cdots, n \\ s^+ \geqslant 0, \ s^- \geqslant 0 \end{cases} \qquad ②$$

在表达式②的基础上给出数据包络分析的有效性判定准则，若最优值 $\theta=1$，则第 j_0 个决策实体为弱数据包括分析有效，反之亦然。若最优值 $\theta=1$，并且满足所有的 $s^-=0$、$s^+=0$（每个分量都为零），则第 j_0 个决策实体为数据包络分析有效。从生产函数理论来理解，这种情况既是技术有效，也是规模有效，反之亦然。用表达式②判定某个决策实体为数据包络分析有效，就需要检查所有的解 λ、s^+、s^-、θ 是否都满足 $\theta=1$、$s^+=0$、$s^-=0$，如果只有 $\theta=1$，但并非所有的 $s^-=0$ 且 $s^+=0$，只能说明第 j_0 个决策实体是弱数据包络分析有效，并非数据包络分析有效。从生产函数理论来理解，这是技术有效而非规模有效。在实际求解的过程中，一般要判断是否所有的 $s^-=0$、$s^+=0$，因此需要使用经过改进的非阿基米德无穷小 ε 的 C^2R 模型。非阿基米德无穷小 ε 可以理解为一个小于任意正数而大于零的数（实际使用中常取为足够小的正数），而并非一个具体的数值，带有非阿基米德无穷小 ε 的 C^2R 模型为：

$$\begin{cases}\min[\theta-\varepsilon(\hat{e}^{T}s^{-}+e^{T}s^{+})] \\ \sum_{j=1}^{n}\lambda_{j}x_{j}+s^{-}=\theta x_{j0} \\ \sum_{j=1}^{n}\lambda_{j}y_{j}-s^{+}=y_{j0} \\ \lambda\geqslant 0,\ j=1,\ 2,\ \cdots,\ \cdots,\ n \\ s^{+}\geqslant 0,\ s^{-}\geqslant 0\end{cases} \quad ③$$

表达式③中，$\hat{e}=(1,\ \cdots,\ 1)^{T}\in R^{m}$，$e=(1,\ \cdots,\ 1)^{T}\in R^{s}$，$\varepsilon$ 为非阿基米德无穷小，以上线性规划问题的最优解为 λ、s^{+}、s^{-}、θ。若仅是 $\theta=1$，则第 j_0 个决策实体为弱数据包络分析有效。若 $\theta=1$，且 $s^{+}=0$、$s^{-}=0$，则第 j_0 个决策实体为数据包络分析有效。

（3）研究设计与模型构建

数据包络分析模型是一种评价多输入和输出决策实体相对有效性的方法。在分析过程中纳入环境变量后，形成了三步骤数据包络分析模型。本书所探讨的行业效能，由于需考虑行业总投入与产出之间的关联，故采用线性规划方法对效率进行评价。在评价过程中，由于无需明确指标权重及统一的指标尺度，且能够将众多评价指标关联起来且具有可比性，因此能够有效地解决多投入和产出的问题，在评价效率问题上显得尤为重要。

数据包络分析模型第一阶段：基于松弛变量的初始测度，包括非预期产出，假设 BCC 模型有多个决策实体。

数据包络分析模型最初是在规模效益不变的情境下，对决策实体综合效率的评价。后来，该模型中的固定规模效益假设被学界更改为可变规模效益假设，从而形成了著名的 BCC 模型，此模型在可变规模效益的假设下评价决策实体的技术效率。在前述的 DEA-BCC 模型中，相对效率分布在 0 至 1 区间，处于效率前沿的效率值为 1。Malmquist 指数模型为改进的 DEA-BCC 模型，该模型对每个决策实体在一定时间内的效率进行动态分析，包括分析整体技术效率的变化和技术进步的水平，该模型通过测量研究期内每个决策实体的效率收益和损失来进行动态分析，可以克服 BCC

模型的局限性。

数据包络分析模型第二阶段：随机前沿分析。

在经济学中，常常需要估计生产函数或成本函数，生产函数 $f(x)$ 的定义为在给定投入 x 情况下的最大产出。但现实中，生产商可能达不到最大产出的前沿，因此假设生产商 i 的产量为：

$$y_i=f(x_i, \beta)\xi_i \tag{④}$$

表达式④中，β 为待估参数，ξ_i 为生产商 i 的水平，满足 $0<\xi_i\leqslant 1$。如果 $\xi_i=1$，生产商 i 正好处于效率前沿。同时，考虑生产函数还会受到随机冲击，故将表达式④改写成：

$$y_i=f(x_i, \beta)\xi_i e^{v_i} \tag{⑤}$$

表达式⑤中，$e^{v_i}>0$ 为随机冲击，意味着生产函数的前沿 $f(x_i, \beta)e^{v_i}$ 是随机的，故此类模型称为随机前沿模型，最早由 Aigner、Lovell 和 Schmidt 于 1977 年提出，并在实证领域运用广泛。

假设 $f(x_i, \beta)=e^{\beta_0}x_{Ii}{}^{\beta_1}\cdots x_{ki}{}^{\beta_k}$（柯布道格拉斯生产函数，共有 K 个投入品），则对表达式⑤取对数可得：

$$\ln y_i=\beta_0+\sum_{k=1}^{K}\beta_k\ln x_{ki}+\ln\xi_i+v_i \tag{⑥}$$

由于 $0<\xi_1\leqslant 1$，故 $\ln\xi_i\leqslant 0$。定义 $u_i=-\ln\xi_i\geqslant 0$，则表达式⑥可改写成：

$$\ln y_i=\beta_0+\sum_{k=1}^{K}\beta_k\ln x_{ki}+v_i-u_i \tag{⑦}$$

表达式⑦中，$u_i\geqslant 0$ 为无效率项，反映生产商 i 距离效率前沿的距离。混合扰动项 $\varepsilon_i=v_i-\mu_i$ 分布不对称，使用 OLS 估计不能估计无效率项 u_i。为了估计无效率项 u_i，必须对 v_i、μ_i 的分布做出假设，并进行更有效率的 MLE 估计。

一般无效率项的分布假设有半正态分布、截断正态分布、指数分布，其中使用最多的是半正态分布。随机前沿模型可以很容易地用于估计成本函数，经过与生产函数的随机前沿模型进行类似推导可得：

$$\ln c_i = \beta_0 + \beta_y \ln y_i + \sum_{k=1}^{K} \beta_k \ln p_{ki} + \mu_i + u_i \quad ⑧$$

表达式⑧中，c_i 为生产商 i 的成本，y_i 为产出，p_{ki} 为要素 K 的价格，u_i 为无效率项，μ_i 为成本函数的随机冲击。

对于成本函数，$u_i=0$ 意味着生产商达到最低成本的效率前沿。反之，如果 $u_i>0$，则生产商需付出更高的成本。

数据包络分析模型第三阶段：考虑非预期产出的调整。

SFA 回归的目的是剔除环境因素和随机因素对效率测度的影响，以便将所有决策实体调整于相同的外部环境中，调整后公式如下：

$$X_{ni}^{A} = X_{ni} + [\max(f(z_i; \hat{\beta}_n)) - f(z_i; \hat{\beta}_n)] + [\max(v_{ni} - \mu_{ni})] = 1, 2, \cdots, I; n = 1, 2, \cdots, N \quad ⑨$$

表达式⑨中，X_{ni}^{A} 是调整后的投入，X_{ni} 是调整前的投入，$[\max(f(z_i; \hat{\beta}_n)) - f(z_i; \hat{\beta}_n)]$ 是对外部环境因素进行调整，$[\max(v_{ni} - \mu_{ni})]$ 是将所有决策实体置于相同的运气水平下。

（4）指标体系及相应指标选取

在对 2022 年我国高职院校的职业教育效能进行评价时，选取的投入指标包括固定资产总值、专任教师人数、实训仿真资源量，以衡量学校的资源配置能力。选取的产出指标包括高职毕业生人数和我国科教评价网“2022—2023 年高职教育地区竞争力排行榜”中的各省份竞争力评价得分，用以反映职业教育的数量和质量。选取的环境指标包括人均生产总值和城镇单位就业人数，这些指标能揭示地区经济和就业环境对教育效能的潜在影响。这种指标体系可以全面评价职业教育的综合效能，同时考虑内部资源配置与外部经济环境的影响。经整理，获取的具体指标如表 11-6 所示。

表 11-6　我国各省份职业教育效率评价相关指标

省份	专任教师数量（人）	固定资产总值（万元）	实训仿真资源量（套）	高职毕业生数量（人）	竞争力评价（分）	人均生产总值（元）	城镇单位就业人数（万人）
北京市	4408	1450195.81	2464	26989	51.05	189988	747.1
天津市	7539	1347869.40	2789	65602	53.13	117925	243.3
河北省	32919	2869811.83	8618	262183	70.71	56481	561.1
山西省	11714	1169796.26	2517	111859	56.67	73506	438.3
内蒙古自治区	11862	2275318.66	2291	69633	51.56	97433	265.5
辽宁省	13725	1863154.09	4520	141144	62.08	68422	443.7
吉林省	8421	935656.87	2508	92200	45.90	54279	242.3
黑龙江省	13355	1501259.65	1769	111772	60.09	50873	297.9
上海市	5707	1085353.54	3163	48982	44.02	180536	672.3
江苏省	38928	6467308.82	11028	272328	100.00	143466	1283.0
浙江省	22212	3594958.25	4773	174849	76.98	119022	1041.4
安徽省	30156	3045485.68	1392520	228486	76.53	72888	576.8
福建省	20560	2198312.64	4578	143750	64.90	123618	559.2
江西省	30806	2948285.04	2909	213871	69.48	69019	436.9
山东省	46929	5290038.80	8742	432843	90.53	86143	1081.5
河南省	64617	5049184.09	13536	434992	86.54	58942	873.9
湖北省	25956	2959628.47	3559	222400	75.67	90358	639.8
湖南省	34762	3754192.39	4078	254273	81.48	71917	589.9
广东省	51537	6739798.88	18500	316891	95.31	102217	2066.6
广西壮族自治区	22483	3166904.44	2749	217517	58.24	51936	395.8
海南省	4027	433454.34	449	37530	29.64	67314	109.2
重庆市	22579	2697382.17	19062	148397	62.20	88953	345.2
四川省	37350	4198707.34	6705	257148	75.35	67610	881.4
贵州省	19647	2812724.41	3267	150606	56.81	51921	327.3
云南省	16025	2471832.47	1674	160967	58.92	60868	355.3
西藏自治区	767	109079.24	61	3892	13.75	58908	42.6
陕西省	17409	2360505.03	2402	169159	61.24	83030	471.6

续表

省份	专任教师数量（人）	固定资产总值（万元）	实训仿真资源量（套）	高职毕业生数量（人）	竞争力评价（分）	人均生产总值（元）	城镇单位就业人数（万人）
甘肃省	10829	1758519.81	859	85404	44.48	44646	257.5
青海省	1750	370550.18	897	10320	25.23	60946	65.8
宁夏回族自治区	2760	681594.67	1666	19010	30.29	70263	71.2
新疆维吾尔自治区	11965	1439973.15	1849	71910	48.88	69717	317.1

（5）数据分析

数据包络分析第一阶段：基于DEA-BCC模型的分析，得出输出结果，如表11-7所示。

表11-7 数据包络分析第一阶段的输出结果

省份	综合效率	纯技术效率	规模效率	规模效益
北京市	0.856	1.000	0.856	drs
天津市	0.889	1.000	0.889	drs
河北省	0.927	1.000	0.927	drs
山西省	1.000	1.000	1.000	—
内蒙古自治区	0.601	0.751	0.801	drs
辽宁省	0.939	1.000	0.939	drs
吉林省	1.000	1.000	1.000	—
黑龙江省	0.874	1.000	0.874	drs
上海市	0.904	0.957	0.945	drs
江苏省	0.643	1.000	0.643	drs
浙江省	0.745	1.000	0.745	drs
安徽省	0.761	1.000	0.761	drs
福建省	0.692	0.885	0.783	drs
江西省	0.867	1.000	0.867	drs
山东省	0.919	1.000	0.919	drs

续表

省份	综合效率	纯技术效率	规模效率	规模效益
河南省	0.874	1.000	0.874	drs
湖北省	0.889	1.000	0.889	drs
湖南省	0.780	1.000	0.780	drs
广东省	0.562	0.867	0.648	drs
广西壮族自治区	0.970	1.000	0.970	drs
海南省	1.000	1.000	1.000	—
重庆市	0.600	0.676	0.888	drs
四川省	0.690	0.765	0.903	drs
贵州省	0.742	0.758	0.979	drs
云南省	1.000	1.000	1.000	—
西藏自治区	1.000	1.000	1.000	—
陕西省	0.970	1.000	0.970	drs
甘肃省	1.000	1.000	1.000	—
青海省	0.939	1.000	0.939	drs
宁夏回族自治区	0.892	0.953	0.936	drs
新疆维吾尔自治区	0.616	0.778	0.792	drs

根据输出结果，以综合效率为依据，可将各省份分为以下 3 类，在不剔除环境变量影响的情况下，分析如下。

高效率地区（综合效率＞0.900），包括山西省、吉林省、山东省、陕西省、甘肃省、海南省、西藏自治区和青海省等地。这些省份的共同特点是无论从纯技术效率还是从规模效率来看，数值通常接近或达到 1.000，表明这些省份在资源管理和技术应用方面表现出色。例如，西藏自治区和青海省虽然自然条件较为恶劣，但通过高效的资源配置和技术创新，实现了较高的综合效率。

中效率地区（0.700≤综合效率≤0.900），包括北京市、天津市、河北省、辽宁省、黑龙江省、上海市、江西省、湖北省、湖南省、广西壮族自治区和宁夏回族自治区等地。这些省份通常具有较高的纯技术效率，显示出其技术操作的有效性。然而，这些省份的规模效率较低，尽管技术应用得当，但其规模配置却可能未达到最佳状态。例如，北京市和上海市虽然拥有较先进的技术，但在资源配置和环境限制方面可能存在一定的不足。

低效率地区（综合效率<0.700），包括内蒙古自治区、江苏省、浙江省、安徽省、福建省、广东省、重庆市、四川省、贵州省和新疆维吾尔自治区等地。这些省份的纯技术效率和规模效率均较低，表明在技术实施和规模配置等方面都存在显著不足。这可能与地区经济的结构性问题、产业布局的合理性及创新能力的不足有关。

数据包络分析第二阶段：基于SFA模型的分析。

在数据包络分析的应用中，通过对各个阶段的分析，可以观察到不同省份综合效率、纯技术效率和规模效率的变化。第一阶段的输出结果受到外部环境和随机误差的影响，如初期测得的低效率可能反映了不利的外部经济条件或非效率的资源配置。在第二阶段通过调整数据，剔除外部环境因素的影响，如区域经济差异、政策支持等，使得效率评价更加集中于管理和技术效率。根据第二阶段的分析结果可以计算出各项投入松弛变量的环境值和混合误差项，从而可以计算出各投入环境变量和随机扰动项的最大值，以此对各原始投入值进行调整，形成调整后的变量。

表 11-8 SFA 分析结果中的相关参数

相关参数	投入 1 （专任教师人数）	投入 2 （固定资产总值）	投入 3 （实训仿真资源量）
常数项 Z	2366.85	265510.93	3558.28
环境变量系数 1	0.00	0.18	0.01
环境变量系数 2	1.30	227.44	1.16
sigma-squared	15124426.00	252517990000.00	20950594.00
gamma	1.00	1.00	1.00
单边检验误差值	17.90	19.84	22.00

数据包络分析第三阶段：调整后的结果分析。

第三阶段的输出结果如表 11-9 所示，这一阶段进一步消除了统计噪声和潜在的数据错误，其结果可以精确反映每个决策实体的纯粹管理和技术能力。我们选择东部、中部和西部地区各 4 个具有代表性的省份，这些省份在两个阶段中或表现出显著的变化，或具有特殊的经济地位，或受到了明显的政策影响。

表 11-9　数据包络分析第三阶段的输出结果

省份	综合效率	纯技术效率	规模效率	规模效益
北京市	1.000	1.000	1.000	—
天津市	0.944	0.951	0.992	drs
河北省	1.000	1.000	1.000	—
山西省	1.000	1.000	1.000	—
内蒙古自治区	0.711	0.740	0.960	irs
辽宁省	1.000	1.000	1.000	—
吉林省	1.000	1.000	1.000	—
黑龙江省	1.000	1.000	1.000	—
上海市	1.000	1.000	1.000	—
江苏省	0.780	1.000	0.780	drs
浙江省	0.911	1.000	0.911	drs
安徽省	0.874	1.000	0.874	drs
福建省	0.842	0.900	0.936	drs
江西省	0.979	0.992	0.987	irs
山东省	1.000	1.000	1.000	—
河南省	1.000	1.000	1.000	—
湖北省	1.000	1.000	1.000	—
湖南省	0.984	1.000	0.984	drs
广东省	0.690	0.898	0.769	drs
广西壮族自治区	0.986	1.000	0.986	irs
海南省	0.970	1.000	0.970	irs

续表

省份	综合效率	纯技术效率	规模效率	规模效益
重庆市	0.694	0.704	0.985	drs
四川省	0.783	0.785	0.997	drs
贵州省	0.780	0.784	0.995	irs
云南省	1.000	1.000	1.000	—
西藏自治区	0.736	1.000	0.736	irs
陕西省	1.000	1.000	1.000	—
甘肃省	0.804	0.926	0.869	irs
青海省	0.961	1.000	0.961	irs
宁夏回族自治区	0.861	0.909	0.946	irs
新疆维吾尔自治区	0.817	0.859	0.952	irs

东部地区。江苏省的纯技术效率在第一阶段和第三阶段保持不变，规模效率从0.643提升到0.780，显示出该省在管理和资源配置方面的优化。浙江省的纯技术效率在第一阶段和第三阶段保持不变，规模效率从0.745提升到0.911，可能是该省受到了经济结构优化和高新技术产业发展的影响。福建省的纯技术效率从第一阶段的0.885提升到第三阶段的0.900，规模效率从0.783提升到0.936，表明该省的投入产出比的改进和区域经济政策起到了积极效果。广东省的纯技术效率从第一阶段的0.867提升到第三阶段的0.898，规模效率从0.648提升到0.769，表明该省需要进一步开展产业升级和资源整合。

中部地区。湖北省的纯技术效率和规模效率在第一阶段和第三阶段均保持不变，显示出该省拥有较好的资源管理和技术应用能力。安徽省的纯技术效率在第一阶段和第三阶段保持不变，规模效率从0.761提升到0.874，反映了该省的规模经济正在逐渐发挥作用。江西省的纯技术效率从第一阶段的1.000下降至第三阶段的0.992，规模效率从0.867提升到0.987，表明该省的资源利用和技术效率都在优化。河南省的纯技术效率和规模效率在第一阶段和第三阶段均保持不变，展现了该省较高的经济和管理效率。

西部地区。四川省的纯技术效率从第一阶段的 0.765 提升到第三阶段的 0.785，规模效率从 0.903 提升到 0.997，反映了该省在经济发展和技术应用方面的逐步改进。云南省的纯技术效率和规模效率在第一阶段和第三阶段均保持不变，说明该省进行了有效的资源利用和技术应用。新疆维吾尔自治区的纯技术效率从第一阶段的 0.778 提升到第三阶段的 0.859，规模效率从 0.792 提升到 0.952，可能是该省受到大规模基础设施建设和区域发展策略的影响。贵州省的纯技术效率从第一阶段的 0.758 提升到第三阶段的 0.784，规模效率从 0.979 提升到 0.995，显示了该省在大数据和其他高科技产业的投资带来的积极效果。

结果显示，在数据包络分析第三阶段，大部分省份的纯技术效率不仅有所提升，而且很多情况下维持在最优状态，这一现象充分反映了近年来我国各省份在职业教育方面注重技术创新和管理效率的提升。同时我们也看到，尽管一些经济发达省份在纯技术效率上展现出了较好的数据，但是其规模效率却未见显著提升，这可能与各省份在面对经济全球化背景下进行的产业结构战略性调整，以及区域经济发展策略的差异有关。这些因素的综合作用导致了规模效率提高的非一致性，值得在未来的研究中进行更深入的分析与探讨。这不仅有助于理解各省份间效率变化的内在动因，也可以为制定更为有效的区域发展政策提供依据。

11.5　实证研究的相关结论与建议

通过对我国不同地区各行业就业人数的分布特征进行深入分析，并探讨区域经济发展与就业结构之间的密切相关性，揭示了区域经济发展水平不均衡对就业结构的显著影响。本书从宏观经济与就业市场的综合视角出发，系统地评价了经济发展的地区差异如何影响就业机会的分布和质量。

通过对各省份数据的收集与分析，发现东部沿海地区由于其先进的产业结构和较高的经济活动水平，就业总数及就业质量显著高于内陆及中西部地区。特别是广东省、江苏省和浙江省等经济发达省份，其制造业和第三产业的高度发展不仅提供了大量的就业机会，也显著提高了就业的整体质量，这种情况与中西部地区就业人数的相对落后形成了鲜明对比。此外还发现，东部沿海地区的经济活力和产业多元化，使其能够在全球化和技术革新的浪潮中占据有利地位，可以吸引更多的高技能劳动力，从而加速这些地区就业市场的扩展和就业结构的优化。相反，中西部地区由于历史遗留问题及自然条件的限制，其产业升级和经济转型的步伐相对滞后，这不仅限制了就业规模的扩张，也影响了就业质量的提升。

进一步的统计分析揭示了第二和第三产业在当前及未来就业市场中的重要作用。尤其值得关注的是第三产业，它不仅为广泛的劳动力提供了众多就业机会，还通过促进服务经济的增长，显著推动了经济结构的优化与升级。这一现象体现了高附加值服务业对经济动能的积极贡献，以及在全球经济环境中，知识和技术密集型服务业正逐渐成为主导力量的趋势。然而，我国不同地区在产业发展水平及就业创造能力上存在显著差异。东部地区的第三产业，尤其是金融、信息技术和高端服务业发展迅速，而中西部地区在这些领域则相对滞后。这种差异不仅影响了区域内的就业质量和就业人数，也影响了社会经济的整体均衡和长期稳定。为了应对这一挑战，政府层面需考虑各省份的经济特性，采取差异化的政策支持，合理规划产业布局，尤其是加强对中西地区的经济支持，推动当地产业升级和技术创新。同时，强化职业教育和职业培训体系的建设，加强对职业教育的投资，特别是在人工智能、大数据分析和云计算等未来产业所需技能的培训上，直接提升劳动力的就业竞争力，并为地区经济的多元化发展提供支持。

本书采用数据包络分析方法，对我国不同地区职业教育的效率进行了系统评价，揭示了教育资源配置的合理性与地区经济发展及就业率之间的密切关联。研究结果表明，教育资源的合理配置对于提升地区就业率和推动经济发展具有显著的正面影响。特别是在人力资源密集型的经济结构中，职业教育的质量直接关系到劳动力市场的供需匹配程度和地区经济的综合竞争力。因此，提高职业教育的教学质量，优化资源分配，不仅能够提升教育的效率，还能够促进学生技能的全面发展，增强其就业能力，从而对缩小区域间的发展差距、提高全国就业质量发挥重要作用。因此，政府及相关部门应加大对教育资源的投入，尤其是在人口较多、经济较落后的中西部地区，通过增设职业院校数量、改善教学设施、提升教师队伍建设等措施来改善教育质量。同时，应推动产教融合，增强职业教育与地方产业需求的对接，使教育培养方向与地区经济发展的需求紧密结合，提高教育的实用性和针对性。此外，鼓励采用现代信息技术，如在线教育和远程教学，有效扩大优质教育资源的覆盖范围，这不仅能够提升教育资源的利用效率，还能为更多学生提供个性化和差异化的学习选择，从而实现教育公平，促进社会整体的和谐发展。

第 12 章　案例研究——广东省高职教育的供给侧优化

12.1　广东省各区域经济发展现状及差距

广东省是我国的经济第一大省，同时也一直是我国改革开放的先行地，截至 2022 年底，广东省的生产总值已经连续 34 年位居全国首位。尽管取得了显著的经济成就，可广东省在区域发展的均衡性上却一直面临着较大的挑战。特别是省内东西两翼及北部山区，这些地区由于内生发展动力不足、城市化水平不高及核心城市的带动作用不强，以及县域产业发展平台的不够健全，导致它们面临众多发展难题。北部山区更是由于不利的地理位置、资金投入不足及人才外流等问题，经济发展程度大幅落后于省内的其他地区，不仅影响了当地的经济提升，还加剧了省内各地市间的发展不均衡。与江苏省、山东省和浙江省等东部沿海省份相比，广东省各地市间的发展差异指数远高于这些地区，这种显著的发展不平衡必定会削弱广东省作为全国经济领头羊的持续发展动力。

改革开放以来，珠江三角洲地区借助政策及地理位置的优势，迅猛发展，已成为我国经济增速的关键动力。该区域内的广州、深圳、珠海等核心经济城市，其发展速度与规模在广东省，甚至全国范围内均位居前列。珠江三角洲地区通过成功转型为高科技与服务导向的经济体系，促进了地区生产总值的迅速上升及经济结构的进一步优化。形成鲜明对比的是，粤东、粤西、粤北地区，包括汕头、梅州、河源等城市，近年来虽然经济增速略超全省平均水平，但在经济规模和发展品质方面与珠江三角洲地区仍存在显著的差距。粤东、粤西、粤北地区的发展步伐较慢，主要受到工业基础不足和创新能力较弱的双重限制。根据最新数据，珠江三角洲地区的人均生产总值远超过粤东、粤西、粤北地区，虽然这种差距在过去几年有所缩减，但总体差距仍然十分明显。以 2022 年的数据为例，深圳的人均生产总值约为 15 万元人民币，而河源的人均生产总值仅为 5 万元人民币左右。这种巨大的差距揭示了地区间经济发展的极化趋势，即经济活动和资源倾斜于某些特定区域，而其他地区则相对滞后。

在经济增长率方面，珠江三角洲地区虽然整体规模庞大，但近年来其增速有所减缓。究其原因，一方面是由于其经济基数已经较大，另一方面是其在经济转型与升级过程中遭遇的各种挑战。相对而言，尽管粤东、粤西、粤北地区的经济基数较小，但得益于地方政府近年来推行的一系列激励政策和发展战略，该区域的经济增长率呈现较快的上升趋势。此外，县域差异突出反映了广东省内部的经济不均衡。珠江三角洲地区的县域经济普遍优于粤东、粤西、粤北地区，这种优势不仅体现在生产总值上，还表现在产业结构的优化、创新能力的提升，以及居民生活水平的改善等多个维度。例如，珠江三角洲地区的顺德、南海等县级市已经成长为高端制造业和现代服务业的聚集地，而粤东、粤西、粤北地区的一些县域仍旧以传统农业和低端制造业为主导产业。这种产业结构的差异进一步加剧了区域间的经济差距，也凸显了未来发展策略中重点关注和缩小这种内部差距的必要性。通过加强粤东、粤西、粤北地区的产业升级和创新体系建设，可以促进该区域整体经济的提升，从而实现更加平衡和可持续的区域发展。

在新的发展阶段，广东省的经济发展展现了显著的空间极化现象。珠江三角洲地区经济实力雄厚，而粤东、粤西、粤北地区则相对较弱。面对这种情况，如何通过政策调整和区域合作来促进粤东、粤西、粤北地区的经济发展，并缩小其与珠江三角洲地区的发展差距，成为广东省亟待解决的重要问题。要想解决这一问题，需依赖地方政府加大对经济落后地区的投资力度，改善当地的基础设施，提升教育和医疗服务质量，吸引更多的外部投资，并推动产业的升级换代，以实现区域经济的均衡发展。自“十四五”规划实施以来，广东省各区域积极响应国家的发展战略，通过推行产业转移和劳动力流动政策，加速了经济结构的调整及产业的转型升级，从而持续优化产业结构。珠江三角洲地区依托其经济发展的先发优势，已成功步入后工业化阶段，并形成以服务业和高端制造业为主的经济结构。与此同时，粤东、粤西、粤北地区虽然也取得了一定的发展成就，但在推动产业结构优化等方面仍面临挑战。为了进一步缩小区域间的发展差距，广东省需要更加深入地实施区域协调发展战略，通过政策激励、资金支持和项目引导，促进粤东、粤西、粤北地区的产业升级和经济振兴，以期达到更广泛的区域发展均衡。

珠江三角洲地区的经济转型主要以创新和高新技术产业为驱动力，特别是在信息技术、生物科技、新能源及新材料等战略性新兴产业领域取得了突出的成就。根据最新统计数据，包括广州、深圳在内的珠三角核心城市的服务业占地区生产总值的比重已超过 60%，且这些城市的高技术产业增加值的年均增长率均超过了 10%，这些经济成果都得益于珠江三角洲地区针对性的产业政策导向、持续优化的投资环境和完善的创新体系建设。与此同时，粤东、粤西、粤北地区虽然在推动产业结构调整和提升经济发展水平等方面取得了一些进展，但与珠江三角洲地区相比，其产业升级的步伐显得较为缓慢。粤东、粤西、粤北地区的产业依旧主要集中在传统制造业和农业领域，而高新技术产业和现代服务业的比重相对较低。为了缩小与珠江三角洲地区的发展差距，粤东、粤西、粤北地区需要进一步深化改革，优化产业布局，并提高创新能力和产业竞争力。珠江三角洲地区的产业转型和结构调整不仅推动了当地的经济发展，还通过产业外溢效应带动了粤东、粤西、粤北地区的产业升级和经济增长。珠江三角洲地区的一些企业将部分生产线迁移到成本相对较低的粤东、粤西、粤北地区，这不仅有效缓解了珠江三角洲地区的资源和环境压力，同时也为粤东、粤西、粤北地区带来了宝贵的资本、先进的技术和丰富的管理经验，从而促进了当地经济的全面发展和产业结构的进一步优化。这种区域间的协作和资源共享，为广东省的均衡发展提供了有力支撑。

尽管珠江三角洲地区在经济发展方面取得了显著成效，但其自主创新能力和产业升级过程仍面临诸多挑战。该地区依然存在过度依赖外来技术和人才的问题，当地的创新体系尚未完全形成。因此，珠江三角洲地区亟须进一步加强创新能力的培养，提升研发和技术创新的水平，建立更加完善的创新体系，并加快产业转型升级的步伐。针对广东省产业结构优化的未来方向，一方面，应持续推进珠江三角洲地区的产业升级和自主创新体系的建设，加强创新驱动发展策略，快速构建以知识产权保护为核心的技术创新体系，这将有助于提高区域产业的核心竞争力。另一方面，应加大对粤东、粤西、粤北地区的支持力度，优化产业布局，推动区域协调发展，通过合理配置资源和制定有效的产业发展策略，促进粤东、粤西、粤北地区的产业结构调整和经济升级，这不仅有助于缩小区域发展差距，还能够促进广东省经济的整体均衡与可持续发展。这些措施将为广东省带来更加均衡和全面的经济增长，确保各区域间的发展更加协调，同时提升广东省的创新能力和产业竞争力，为更好地应对未来可能出现的全球经济变化做好准备。

“十四五”规划实施以来，广东省在产业结构优化和经济转型升级等方面取得了显著成效，特别是珠江三角洲地区在服务业和高端制造业领域的快速发展，为推进我国经济的现代化进程做出了突出贡献。然而，为了实现更加均衡和可持续的区域发展，广东省还面临着诸多挑战，需要在加强自主创新、深化产业转型升级和优化区域经济布局等关键领域持续发力。广东省需通过持续推动创新能力的提升和创新体系的完善，增强各区域经济的自主发展动力。同时，通过深化产业转型升级，加速传统产业的技术改造和新兴产业的培育，实现产业结构的优化升级。此外，优化区域经济布局，合理配置资源，特别是加强对粤东、粤西、粤北地区的支持，提升这些地区的经济实力和竞争力，是促进全省均衡发展的关键。通过这些综合措施，广东省不仅能够缓解区域间的发展不平衡，还能持续引领和推动我国经济向高质量发展转型，为国家经济的整体提升做出更大的贡献。这种全面且协调的发展策略将使广东省继续在国内外经济舞台上发挥领军作用，推动经济社会的全面进步和繁荣。

12.2 广东省产业结构的优化变迁

（1）三大产业的发展进程

第一产业的结构性转变与现代化进程。广东省第一产业的演变，尤其是农业部门，深刻地体现了社会经济的全面转型。20 世纪 80 年代以来，随着省内工业化和服务业的迅猛发展，农业在全省生产总值中的比重已从约 30%下降至近年来的不足 10%，这不仅反映出农业在经济总量中的相对弱化，而且标志着广东省的经济结构从传统农业主导逐步转向工业和服务业主导的深刻变革。随着城市化的快速推进和农村劳动力持续向城市区域流动，农业领域面临劳动力短缺和生产效率降低的双重挑战。为了应对这些挑战并推动农业持续发展，广东省积极推进农业现代化。省内广泛采用了先进的种植技术、自动化设备，以及精细化管理措施，以提升农作物的单产和整体效率。此外，广东省还大力发展农业多功能性，如通过推广休闲农业和生态农业等新兴模式，不仅促进了农业的可持续发展，还为农民开辟了新的收入来源。这些创新措施增强了农业的经济效益和社会价值，使其在现代经济结构中继续发挥重要作用。

第二产业的发展趋势与转型升级。广东省的第二产业，尤其是工业和建筑业，在推动区域经济增长方面曾发挥过关键作用。特别是 20 世纪末至 21 世纪初，随着我国经济改革的深化，这些行业经历了迅猛的发展。制造业和建筑业的扩张不仅极大地推动了广东省的经济增长，也带动了就业和相关行业的兴盛。然而，面对全球经济结构的转变和市场环境的新挑战，近年来这些行业在全省生产总值中的比重呈现下降趋势，这反映出广东省正逐渐从依赖传统制造业向发展更高科技和高附加值产业的方向转型。在转型过程中，广东省大力推动工业自动化和智能化，强化生态环保和节能减排措施，致力于构建一个绿色智能的制造体系。这些努力不仅顺应了全球可持续发展的趋势，也是对国内外劳动力市场需求变化的积极适应。与此同时，广东省的建筑业也在积极适应这一发展趋势，通过采用新技术和新材料，转型为更高效、更绿色、更智能的行业，这不仅提高了建筑业的整体效率和质量，还有助于满足日益增长的城市化和现代化需求。总之，广东省的第二产业正通过技术创新和产业升级，不断优化其经济结构，以保持在全国乃至全球竞争中的领先地位。这种转型不仅符合全球经济发展的大趋势，也是地区持续发展和长期繁荣的关键。

第三产业的崛起与经济模式转变。近年来，广东省的第三产业，尤其是服务业，已成为推动区域经济增长的核心力量。20 世纪 90 年代以来，服务业在广东省地区生产总值中的比重显著增加，从约占 40%增长至当前的超过 50%，这标志着消费和服务导向的经济模式在广东省的深化和成熟。服务业的迅速发展不仅为广东省的经济注入了新的增长动力，也促进了经济结构的多样化和高级化。在全球化和信息化背景下，尤其是随着金融服务、信息技术、文化创意等高附加值服务业领域的快速发展，不仅体现了广东省在经济创新能力和市场适应性方面的优势，也为该省的经济转型提供了强大的推动力。未来，服务业的结构将持续优化，服务效率和质量将进一步提升。为了更好地满足消费者日益增长的多样化和个性化需求，广东省需要通过政策支持、技术创新和人才培养等措施，进一步促进服务业的高质量发展。

（2）主要行业发展特点

工业部门的发展及转型。广东省的工业部门在全省生产总值中的比重表现出一定的波动，但总体趋于稳定，这反映出工业对于广东省经济的重要性。改革开放以来，广东省的工业部门经历了巨大的转变。初期，以外资引入和技术吸收为标志，广东省快速发展成为以制造业为主导的工业强省。此后，在全球化背景下，广东省通过技术创新和产业升级，成功地在全球制造业中占据了重要位置。近年来的数据显示，虽然广东省的工业增加值持续增长，但增速有所放缓。面对新的经济形势，广东省的工业部门正在经历从传统制造向高科技、高附加值制造的转型，特别是在环保和可持续发展方面，如广东省在新能源汽车、电子信息等领域的投资增长迅速，这表明广东省未来工业的发展将更注重质量和效率的提升。

表 12-1　广东省三大产业的发展进程（1978—2021 年）

年份	地区生产总值（亿元）	第一产业（亿元）	第二产业（亿元）	第三产业（亿元）	年份	地区生产总值（亿元）	第一产业（亿元）	第二产业（亿元）	第三产业（亿元）
1978 年	185.85	55.31	86.62	43.92	2000 年	10810.21	986.32	5042.75	4781.15
1979 年	209.34	66.62	91.65	51.06	2001 年	12126.59	988.84	5564.66	5573.09
1980 年	249.65	82.97	102.53	64.14	2002 年	13601.89	1015.08	6209.06	6377.76
1981 年	290.36	94.30	120.34	75.71	2003 年	15979.77	1072.92	7684.41	7222.44
1982 年	339.92	118.17	135.37	86.39	2004 年	18658.34	1219.83	9191.71	8246.80
1983 年	368.75	121.24	152.27	95.24	2005 年	21962.99	1395.23	11049.21	9518.55
1984 年	458.74	145.25	187.55	125.93	2006 年	25961.24	1494.69	13158.01	11308.54
1985 年	577.38	171.87	229.82	175.69	2007 年	31742.61	1663.49	16022.56	14056.56
1986 年	667.53	188.37	255.88	223.28	2008 年	36704.16	1920.80	18519.40	16263.96
1987 年	846.69	232.14	330.35	284.20	2009 年	39464.69	1945.95	19439.71	18079.03
1988 年	1155.37	306.50	460.17	388.70	2010 年	45944.62	2199.60	22917.43	20827.59
1989 年	1381.39	351.73	554.13	475.53	2011 年	53072.79	2553.17	26161.08	24358.54
1990 年	1559.03	384.59	615.86	558.58	2012 年	57007.74	2711.32	27346.12	26950.30
1991 年	1893.30	416.00	782.67	694.63	2013 年	62503.41	2876.42	29342.97	30284.02
1992 年	2447.54	465.83	1098.75	882.96	2014 年	68173.03	3038.71	31930.37	33203.95
1993 年	3469.28	558.70	1702.46	1208.12	2015 年	74732.44	3189.76	33913.76	37628.92
1994 年	4619.02	692.25	2249.99	1676.77	2016 年	82163.22	3500.49	35499.24	43163.49
1995 年	5940.34	864.49	2901.99	2173.86	2017 年	91648.73	3611.44	38536.61	49500.68

续表

年份	地区生产总值（亿元）	第一产业（亿元）	第二产业（亿元）	第三产业（亿元）	年份	地区生产总值（亿元）	第一产业（亿元）	第二产业（亿元）	第三产业（亿元）
1996 年	6848.22	935.23	3313.55	2599.44	2018 年	99945.22	3836.40	41398.45	54710.37
1997 年	7792.97	978.32	3713.92	3100.73	2019 年	107986.92	4350.61	43368.21	60268.10
1998 年	8555.33	994.55	4080.96	3479.82	2020 年	111151.63	4732.74	43868.05	62550.84
1999 年	9289.64	1009.01	4384.22	3896.41	2021 年	124369.67	5003.66	50219.19	69146.82

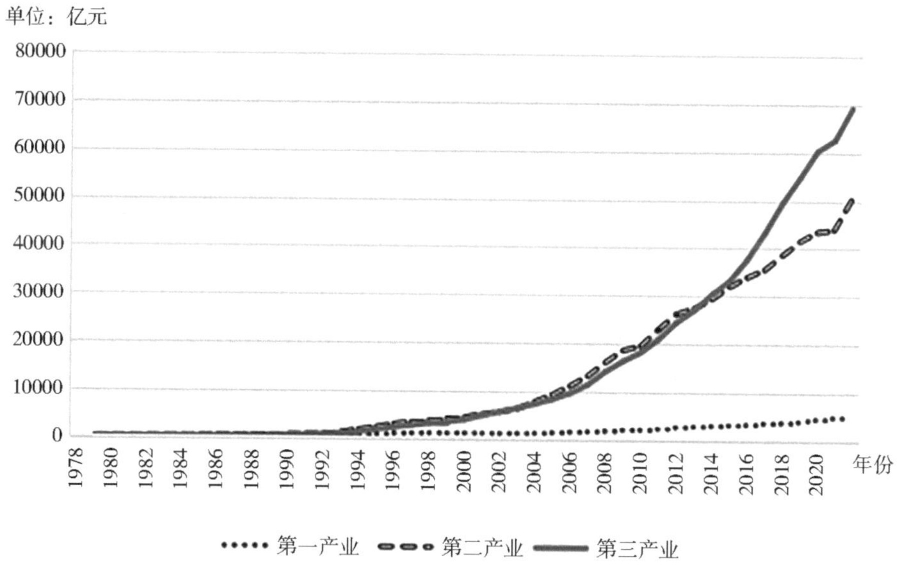

图 12-1　广东省三大产业的发展趋势

建筑业的稳定增长及挑战。广东省的建筑业在全省生产总值中的比重持续增长，这与省内持续的基础设施投资和城市化进程密切相关。广东省的城市化率从 20 世纪 80 年代的不足 20%增长到目前的近 70%，这一变化为建筑业的发展提供了强大的推动力。然而，广东省的建筑业也面临着转型升级的挑战，尤其是在提高建筑效率、节能减排和绿色建筑等方面。目前，广东省正在推动建筑业的绿色转型，通过采用新技术、新材料及智能建筑系统，努力提高建筑业的整体水平和竞争力。

批发和零售业的变迁与机遇。过去几十年中，广东省的批发和零售业在全省生产总值中的比重稳步增长，这一趋势反映出消费市场的快速发展和消费者行为的深刻变化。广东省统计局的数据显示，近年来广东省的社会消费品零售总额持续增长，反映出消费者购买力的提升。随着经济的增长和人们生活水平的提高，消费者对高质量和多样化商品的需求日益增强。此外，数字化转型为批发和零售业带来了新的发展机遇，如广东省的电子商务交易额快速增长，新兴的线上零售模式和数字支付系统正在重塑消费格局。未来，广东省的批发和零售业需要进一步提升供应链效率，增强消费者体验，以适应快速变化的市场需求。

交通运输、仓储和邮政业的稳定发展及作用。广东省的交通运输、仓储和邮政业在全省生产总值中占据稳定的比重。广东省统计局的数据显示，近年来广东省的货物吞吐量和旅客运输量稳定增长，反映出这些行业在支撑经济活动中的关键作用。广东省地处我国南部沿海，拥有发达的港口、机场和高速公路网络，这些都是支持区域经济一体化和国际贸易的重要基础设施。面对未来的发展，广东省需要进一步提高交通运输的效率和质量，同时随着国际贸易格局的变化，如何更好地服务于国际贸易和区域经济一体化将是这些行业面临的新挑战。

广东省作为我国经济发展的重要引擎，其产业发展呈现多元化发展趋势。首先，从农业部门来看，尽管其在广东省地区生产总值中的比重逐年下降，但这并不意味着农业的绝对价值在减少。事实上，随着现代农业技术的应用和农业结构的优化，广东省的农业生产效率和质量均有所提升。农业的转型不仅体现在传统种植业的现代化上，还表现在农产品深加工和农业服务业的发展上，如农业旅游和绿色食品产业的兴起。其次，第二产业，特别是工业和建筑业，它们曾是广东省经济增长的主要动力。20 世纪末至 21 世纪初，随着我国经济改革的深化，广东省的工业快速发展，尤其是制造业。然而，面对全球经济结构调整和环境保护的新要求，广东省的工业正经历着从传统制造向高技术和绿色制造的转型。最后，第三产业，尤其是服务业的快速崛起，已成为广东省经济增长的新动力。服务业在广东省地区生产总值中的比重持续上升，尤其是金融服务、信息技术和文化创意等高附加值领域。这一趋势反映出广东省经济结构的深刻变化，从以工业为主导向以服务业为主导的转变。服务业的发展不仅为广东省带来了新的经济增长点，也促进了经济结构的多样化和升级，增强了广东省在全球经济中的竞争力。

总之，广东省的经济结构经历了深刻的变革，从传统的以农业和工业为主导，逐渐转向以服务业为核心的新型经济结构。这一结构变化不仅体现了广东省适应国内外市场需求和科技进步的能力，也展示了其在追求高质量发展过程中的战略决策和创新能力。未来，广东省需要继续推动产业结构的优化和高质量发展，以更好地适应国际竞争和经济全球化的新趋势。

（3）广东省不同区域产业发展现状

第一，产业结构的优化与升级。在“十三五”规划期间，广东省经济结构的调整步伐加快，产业结构优化与升级取得显著成效。尤其在珠江三角洲地区，高新技术产业与现代服务业的迅速崛起，推动了产业向高端化、智能化、绿色化的转型。珠江三角洲地区以其强大的工业基础和开放的经济体系，形成了电子信息、生物科技、新材料、环保等高新技术产业集群，其中不乏在国际市场具有竞争力的领军企业。同时，服务业，特别是金融、物流、信息服务等现代服务业的占比逐年上升，为经济增长方式的转变提供了有力支撑。相比之下，粤东、粤西、粤北地区的产业结构虽然也在逐步优化，但相较于珠江三角洲地区仍显滞后。这些地区在“双转移”政策的推动下，不仅接纳了珠三角部分劳动密集型产业的转移，还致力于农业现代化、生态旅游、新能源等产业的发展，力图实现经济的多元化和高质量发展。

第二，区域发展的特征与不平衡问题。珠江三角洲地区作为我国经济发展的先行示范区，其产业高端化、国际化特征明显，如今已形成较为完善的产业链和创新体系，成为引领广东乃至全国产业发展的重要力量。然而，随着经济的快速发展，珠江三角洲地区也面临着产业升级压力、创新动力不足、环境承载力下降等挑战。在粤东、粤西、粤北地区，由于地理位置、经济基础和资源禀赋等因素的差异，产业结构相对单一，主要依赖传统制造业和农业。虽然近年来通过政策扶持和资本引入，这些地区在促进产业转型升级方面取得了一定成果，但高新技术产业和现代服务业的比重相对较低，科技创新能力和产业竞争力仍需加强。

第三，产业转型与创新发展。广东省在推动产业转型升级和提升创新驱动发展能力等方面做出了积极努力，特别是在珠江三角洲地区，创新资源集中，高新技术产业蓬勃发展，已经形成了电子信息、生物医药、高端装备制造等产业集群。这些产业不仅促进了产业结构的升级，也提高了区域经济的核心竞争力。粤东、粤西、粤北地区通过产业转移和政策支持，逐步提升创新能力和产业技术水平。地方政府积极引导资本流向高新技术产业，建设产业园区，促进企业技术改造和产业升级，力图缩小与珠江三角洲地区的发展差距。

第四，高新技术产业的快速发展。广东省大力发展高新技术产业，如今高新技术产业已成为推动经济发展的核心力量。珠江三角洲地区依托其产业基础和技术优势，高新技术产业快速发展，成为全省乃至全国的高新技术产业中心。通过加大对科研机构和创新平台的投资，广东省不断提升自主创新能力和科技成果转化效率，为产业升级和经济发展提供了强大动力。

第五，区域合作与产业园区发展。为了促进区域经济均衡发展，广东省加强了区域间的合作。产业园区的建设和发展，在推动地方产业集聚和技术创新等方面发挥了重要作用。这些产业园区不仅带动了当地的经济发展，还促进了区域间的产业对接和资源共享，加强了珠三角与粤东、粤西、粤北地区的经济联系和产业协同。

（4）结论

广东省在产业发展方面取得的显著成绩，尤其是在高新技术产业和现代服务业两大领域的快速发展，不仅推动了区域经济的高速增长，也为全国经济发展模式的探索提供了可贵的借鉴。高新技术产业的蓬勃发展得益于广东省政府的有力政策支持和优越的创新环境，而现代服务业的飞速扩张则是市场需求激增与服务模式创新的直接结果。未来，为了保持并加强这一发展趋势，广东省需要进一步深化改革，打造更为开放和灵活的市场环境，主要措施包括简化行政审批流程、优化营商环境、加大对创新型企业的扶持力度，以及推动高新技术成果的商业化应用。同时，加强以创新为核心的驱动机制是确保广东省产业升级和高质量发展的关键。这不仅需要政府的政策引导，还需要企业在技术研发和模式创新上的积极作为。

区域间的协同发展对于形成广东省内部的互补优势和协调发展极为重要。广东省应通过优化区域产业布局和加强基础设施建设，促进资源在区域内的有效流动和合理配置。特别是要加强粤港澳大湾区内部的协作，通过政策协调和项目对接，形成更加紧密的经济合作网络，这将有助于广东省不仅在产业发展上实现持续健康的进步，还能通过经济结构的高质量升级，促进经济的全面均衡发展。广东省的这一发展策略不仅将进一步增强其在全国乃至全球的竞争力，而且也将为我国经济的转型升级提供强大的动力和实践案例。

总之，广东省未来的发展战略应重点放在促进创新和加强区域协同两大核心领域。创新是推动经济高质量发展的关键驱动力，广东省应继续优化创新生态系统，加强与国内外高等院校、研究机构的合作，支持创新平台和科技园区的建设，激励企业加大研发投入，尤其是在先进制造、生物科技、信息技术等前沿领域。通过这些措施，广东省不仅能够提升自身的技术创新能力，还能为经济持续健康发展提供坚实的支撑。强化区域协同是实现广东省经济全面均衡发展的重要策略，广东省需要通过加强粤港澳大湾区的整体规划和协调，优化区域内的资源配置，共建区域交通、能源、信息等基础设施网络，以及推动环珠江三角洲地区的产业升级和生态环境保护。在正确路径的指引下，广东省不仅能够促进自身经济的高质量发展，还能为全国乃至全球的经济稳定与繁荣做出积极贡献。广东省的成功经验将为其他省份乃至其他国家提供宝贵的参考和借鉴，具有重要的示范意义。这种以创新和协同为核心的发展模式，不仅有助于提升区域经济竞争力，也将加速经济新旧动能的转换，推动社会整体向更加可持续和均衡的方向发展。

12.3 广东省不同区域在社会发展领域的差异

(1) 经济福利水平的区域差异

广东省作为我国经济最发达的省份之一，其城镇单位就业人员的平均工资位居全国前列。然而，广东省区域间的经济福利水平却存在着显著差异。最新统计数据显示，珠江三角洲地区的广州市区的工资水平远高于其他地区，尤其是相对落后的地区，差距高达 5 倍以上。这种显著的工资差距揭示了区域经济发展的不平衡，同时也反映了人才集聚、产业结构和经济活力等方面的差异。居民储蓄存款量的区域差异进一步体现了经济实力的不均衡，珠江三角洲地区的居民储蓄存款量占全省储蓄存款量的比重较大，且人均储蓄额远超其他地区。这种财富积累的差异不仅关系到居民的经济安全和消费能力，也影响到区域间经济的再分配和社会稳定。

(2) 教育资源配置的区域不平衡

广东省的教育资源配置显示出明显的城乡及区域不平衡。珠江三角洲地区由于特有的经济优势，教育资源较为丰富，学校设施完善，师资力量较强。相比之下，粤东、粤西、粤北地区，特别是农村和偏远地区，教育资源相对匮乏，基础教育设施和师资配备不足，影响了教育质量和学生的学习环境。广东省政府虽然加大了教育投入，促进了教育资源的整体增长，但教育资源在区域间的分配仍不平衡。珠江三角洲地区的人均教育投入高于省平均水平，而粤东、粤西、粤北地区的教育投入相对较低，这在一定程度上加剧了教育资源的不平衡分配，影响了教育公平。

（3）医疗卫生服务的区域差异

广东省的医疗卫生服务在区域间展现出较大的差异。珠江三角洲地区的医疗资源相对充足，医疗服务质量和可达性较好。而粤东、粤西、粤北地区，尤其是农村和偏远地区，医疗设施缺乏，医护人员短缺，影响了基本医疗服务的普及和医疗质量。从医疗经费的投入来看，虽然粤东、粤西、粤北地区的医疗卫生支出占财政支出的比重较大，但由于总体经济规模较小，实际的人均医疗卫生支出仍然低于珠江三角洲地区。这种经费投入的不平衡导致了医疗服务能力的区域差异，限制了医疗卫生服务的均等化发展。

（4）就业与住房保障的区域差异

广东省的就业保障能力整体持续加强，城镇登记失业率控制在较低水平。但是从区域角度来看，就业形势和社会保障水平的差异依然明显。珠江三角洲地区的就业市场更为活跃，社会保障体系更加完善。而粤东、粤西、粤北地区，尤其是农村地区的就业服务和社会保障体系建设相对滞后。住房条件是衡量居民生活质量的重要指标，虽然广东省各区域的人均住房面积有所提升，但低收入家庭住房困难的情况依然存在。珠江三角洲地区的住房条件相对较好，而粤东、粤西、粤北地区的低收入家庭在住房改善方面仍面临较大压力。

（5）公共交通和文化体育服务的不均衡发展

公共交通是民生建设的重要组成部分，广东省的公共交通发展在区域间存在较大差异。珠江三角洲地区的公共交通系统相对完善，而粤东、粤西、粤北地区的公共交通设施较为落后，影响了居民的出行效率和生活便利。在文化体育服务方面，虽然广东省整体上加大了投入，推动了公共文化体育设施的建设，但城乡和区域间的服务水平差距仍然明显。珠江三角洲地区的文化消费和服务更加丰富多样，而粤东、粤西、粤北地区的文化服务设施和活动相对较少，影响了居民的文化生活质量。

广东省的民生建设虽然取得了一定的成绩，但区域发展的不均衡问题依然突出。为了实现更加均衡、全面、可持续的社会经济发展，广东省需要进一步强化公共资源配置的均衡性，特别是在教育、医疗、就业、住房和公共服务等方面，加大对粤东、粤西、粤北地区的支持力度，缩小区域发展差距，促进社会的全面进步和居民福祉的普遍提升。

12.4 广东省就业人员总量及结构特征

《广东省国民经济和社会发展第十四个五年规划和2035年远景目标纲要》确立了广东省到2025年的经济发展目标，即将地区生产总值推进至超过14万亿元人民币。在此基础上，全省生产总值预计将保持平均每年5.0%的增长率，这不仅标志着广东省的经济将继续实现稳定增长，也预示着经济的内生动力将得到进一步加强，经济结构也将实现更优化的调整。以2020年的数据为基准，广东省三大产业结构的比重分别为4.3%、39.2%、56.5%，其中在规模以上工业企业中，先进制造业的增加值比重达到56.1%，显示出其在工业中的主导地位。在服务业板块，现代服务业以64.5%的占比展现了其在服务领域的绝对优势。更重要的是，在广东省国民经济总量中，新经济的增加值已占到了25.2%，新业态和新技术的迅速更迭正在不断加速，这一趋势不仅展示了广东省经济的活力和创新潜力，也对产业人才的培养和引进提出了更高的要求。

根据计量经济学中的就业弹性理论，引入就业弹性系数概念。就业弹性系数是计量经济学中用来衡量经济增长对就业变化影响程度的一个重要指标，该系数通过比较就业增长率与生产总值或产业增长率的比值来确定，表达公式为：就业弹性系数=就业增长率/生产总值（或产业增长率）。

从这个定义可以看出，就业弹性系数越大，意味着经济增长对就业增长的促进作用越强。换言之，经济每增长一个百分点，就业增长的百分比越大，表明经济增长的质量和效益相对较高，对劳动力市场的正面影响较大。相反，如果就业弹性系数较小或为负值，则表明经济增长对就业的促进作用较弱，或者经济增长带来了就业的挤出效应。具体来说，当就业弹性系数为负值时，其绝对值越大，表示经济增长导致的就业减少越明显。这种情况通常与新技术的引入有关，因为技术进步往往会提升生产效率，从而可能减少对人力的依赖，尤其是在某些传统行业和领域。例如，在自动化技术广泛应用的制造业中，机器人和智能系统的使用可以大幅提高生产效率，但同时也可能减少对传统操作工人的需求。因此，这种技术变革虽然促进了产业升级和经济增长，却也可能导致就业机会的相对减少，表现为就业弹性系数为负值。根据就业弹性系数的表达公式，通过计算可得表 12-2。

表 12-2　广东省 2015—2020 年各产业就业弹性系数情况

年份	生产总值就业弹性系数	第一产业就业弹性系数	第二产业就业弹性系数	第三产业就业弹性系数
2015 年	0.223	−1.194	0.130	0.507
2016 年	0.210	−0.579	−0.130	0.498
2017 年	0.200	−1.726	−0.085	0.500
2018 年	0.164	−1.187	−0.447	0.733
2019 年	0.062	−0.354	0.134	0.165
2020 年	0.245	−0.706	0.839	0.697

（1）全省就业人员数量规模增长平缓

2015 至 2020 年间广东省的就业与经济增长数据提供了一个洞察经济转型和就业市场动态的重要视角。在此期间，尽管广东省的总就业人口从 6566 万人增加到了 7039 万人，表现出年均 1.44％的增长率，但这一增长速度远低于同期生产总值的年均增长率 6％。这一对比揭示出了一个关键问题，即经济增长并没有在相同的比例上转化为就业增长，说明广东省的经济增长在很大程度上依赖于非劳动力投入，如资本和技术的增加。具体来看，2015 至 2020 年间，广东省的平均就业弹性系数为 0.184，表明每

1%的经济增长只带来了0.184%的就业增长。这一数据明显低于国际上普遍认为健康的就业弹性系数水平，表明经济增长对就业的拉动效果相对较弱。2015至2019年间，广东省的就业弹性系数从0.223下降至0.062，这一下降趋势说明资本和技术的投入，以及制度创新在推动经济增长中的比重增加，而对劳动力的依赖减少，这可能与产业升级和自动化的推进有关。然而，2020年广东省的就业弹性系数出现反弹，从2019年的0.062上升至0.245，这一变化反映出新冠疫情后广东省在强化稳定就业政策方面所采取的举措取得了显著成效。在新冠疫情的冲击下，广东省的经济面临下行压力，但通过增加财政支出、推行就业补助和培训计划等措施，有效地支撑了就业市场，增强了就业韧性。通过以上分析可知，尽管广东省的经济增长强劲，但其对就业的直接推动作用有限，需要通过政策调整和经济结构的优化，更好地将经济增长转化为就业机会，从而实现更为均衡和包容的发展。

（2）第一产业就业存在较大挤出效应

2015至2020年间，广东省的第一产业就业人口从1046万人下降至767万人，下降幅度达到26.7%，这一显著的下降趋势与该产业的就业弹性系数持续为负值（平均值为−0.958）紧密相关。这表明，尽管经济总量在增长，但是第一产业的就业人口在减少，显示出经济增长对第一产业就业的显著挤出效应，这种挤出效应的背后是广东省城镇化进程的加速和农业现代化的深入。随着城市化的推进，越来越多的农村劳动力离开传统农业，转而在第二、第三产业中寻求更多的就业机会。此外，农业的现代化和产业升级也推动了农业生产方式的变革，农业机械化和技术化水平的提升释放了大量农业劳动力，使得他们可以转移到产业链中价值更高、收益更好的部门。2020年，虽然第一产业在广东省生产总值中的占比仅为4.3%，但其就业人口占比却高达10.9%，这进一步凸显了第一产业在提供就业机会方面的限制。与此同时，第二、第三产业的蓬勃发展和更高的收入潜力，对第一产业的就业人员形成了强大的吸引力，从而加速了劳动力从第一产业向第二、第三产业的流动。这种劳动力的流动转移和产业转型是广东省经济发展中面临的重要问题，也是农业现代化和城市化进程中不可避免的趋势。

（3）第二、第三产业经济增长对就业的贡献率亟待提升

2015 至 2020 年间，广东省第二产业的就业弹性系数基本处于较低水平，均值为 0.074，其中 2016 至 2018 年间，就业弹性系数为负值。相比较而言，广东省第三产业的就业弹性系数基本处于较高水平，均值为 0.517。总体来讲，在“十三五”期间，广东省第三产业的经济增长对就业的拉动效用高于第二产业。但根据表 12-2 中的数据可以发现，2018 年以后，广东省第二、第三产业的就业弹性系数均出现较大波动，2019 年第二产业的就业弹性系数由负转正，到 2020 年，第二产业的就业弹性系数达到 0.839，超过第三产业的 0.697。由此可见，在“十三五”期间，广东省的产业结构和就业结构在持续优化和调整中，并向均衡方向发展。尽管产业结构与就业结构整体上在协调度方面有所提高，但就业市场的调整速度和效果还不足以完全适应产业结构的演变，导致两者之间存在一定的差距。劳动力在三大产业间的转移并不是十分顺利，第一产业仍存在一定数量的农村剩余劳动力，第二、第三产业的经济增长对就业的贡献率还未达到最佳水平。

12.5　广东省高职教育专业结构的供给侧分析

（1）专业布局与三大产业的总体适应情况

截至 2021 年底，广东省共有 89 所独立的高等职业院校，全日制高职在校生规模较 2020 年增加了 28.4 万人，达到 117.8 万人，增幅为 31.8%，高等职业教育持续保持快速增长的态势。为了满足区域经济社会发展对技术技能人才培养结构、水平和质量的需求，广东省积极建立了动态调整机制，确保高职院校的专业设置与产业发展保持紧密衔接。广东省的高职院校专业设置广泛覆盖了全省现代产业体系，其中有 62%的专业与

现代制造业、现代服务业和现代农业相关。然而需要指出的是，高职院校中与产业相关专业的学生比例与广东省当前三大产业结构发展的情况存在一定程度的不匹配。

如表 12-3 所示，2020 年广东省高职院校第一产业相关专业布点 43 个，第二产业相关专业布点 1451 个，第三产业相关专业布点 1835 个。第一产业专业布点占比为 1.29%，在校生规模占比为 0.86%，远低于第一产业的产业比重 4.3%，也低于第一产业就业人员比重 10.9%。第二产业专业布点占比为 43.6%，略高于产业比重（39.2%）和就业人员比重（35.9%），但在第二产业中在校生规模占比仅为 22.76%，远低于产业比重和就业人员比重，应适度增加第二产业各专业的招生规模。第三产业的专业布点占比与产业比重和就业人员比重基本吻合，但在校生规模占比为 76.21%，明显高于产业比重和就业人员比重，应在招生规模上进行相应调整。

表 12-3 广东省高职教育专业布点与产业、就业结构情况

产业类别	专业布点数（个）	占比	在校生规模占比	产业比重	就业人员比重
第一产业	43	1.29%	0.86%	4.3%	10.9%
第二产业	1451	43.6%	22.76%	39.2%	35.9%
第三产业	1835	55.1%	76.21%	56.5%	53.2%

（2）第一产业中产业结构与专业结构的适应性分析

广东省第一产业中的主导产业为农业，行业产值达到 3769.26 亿元，占第一产业总产值的 50%，远远超过了林业、牧业和渔业。目前，广东省高职院校第一产业的专业设置中，专业布点数为 14 个，其中与农业相关的有 9 个，这与行业产值比重相比仍然存在很大差距。

下面将采用偏离度指标来衡量广东省高职院校专业设置与产业结构的匹配性。其中，偏离度＝专业布点比重－行业产值比重。偏离度的绝对值越小，表明高职院校专业布点设置与区域产业匹配度越高，反之越低。如

表 12-4 所示，第一产业中农业和渔业两个行业的偏离度较大，分别为 −0.15 和 −0.12，均为负偏离，表明这两个行业在专业布点规模上存在较大不足。2020 年广东省的渔业产值占第一产业总产值的 21%，在产值比重上仅次于农业，且未来发展潜力巨大，需要更多的人力资源投入，但是目前在广东省的高职院校中，有关渔业的专业布点比重仅为 9%，与该产业的现状及发展态势极不相符。

《广东省推进农业农村现代化“十四五”规划》中明确提出，要加强推进农业农村现代化，确保广东省的农业现代化处于全国领先地位，在产业发展、农村人居环境整治、乡风文明、农村公共基础设施等方面需要重点突破，并对广东省农业农村人才的培养提出更高要求。

从相关统计数据中可以看出，广东省高职院校现有农业专业的布点并不能很好地满足未来农业产业发展的需要。因此，广东省的高职院校应结合省域特点和“十四五”规划要求，增设与产业发展升级相适应的专业，为第一产业培养更多符合要求的人才，从而推进第一产业的发展。

表 12-4　广东省第一产业行业产值比重及相关专业布点情况

第一产业相关专业	专业布点数（个）	所属行业	行业产值比重	专业布点比重	偏离度
园艺技术	7	农业	0.50%	0.35%	−0.15
现代农业技术	2				
农产品加工与质量检测	1				
森林和草原资源保护	1				
森林生态旅游与康养	1				
休闲农业经营与管理	1				
自然保护地建设与管理	1				
作物生产与经营管理	1				
园林技术	10	林业	0.05%	0.28%	0.23
林业技术	1				
林业信息技术应用	1				

续表

第一产业相关专业	专业布点数（个）	所属行业	行业产值比重	专业布点比重	偏离度
畜牧兽医	4	牧业	0.24%	0.28%	0.04
动物医学	4				
宠物医疗技术	2				
宠物养护与驯导	1				
动物营养与饲料	1				
水产养殖技术	4	渔业	0.21%	0.09%	−0.12

（3）第二产业中产业结构与专业结构的适应性分析

第二产业主要由工业和建筑业组成，其中工业是社会物质生产的重要部门，涉及自然资源的开采和各种原材料的加工，包括采矿业（不包括开采辅助活动）、制造业（不包括金属制品、机械和设备修理业）、电力、燃气和水的生产和供应业等，工业部门是技术创新最活跃、带动力最强的产业部门。改革开放以来，我国建筑业的增长速度很快，建筑业既是国民经济发展的重要组成部分，同时也与广大人民生活的改善有着密切的关系。根据国家经济与社会发展的统计口径，第二产业是按工业和建筑业分类统计的。因此，对于第二产业中产业结构与专业结构的适应性分析，需要从工业和建筑业两个方面展开，以此来更好地了解第二产业的适应性和发展方向，从而有助于制定相应政策和措施。

第一，工业。根据 2020 年广东省国民经济和社会发展统计公报的数据，广东省的先进制造业增加值在规模以上工业增加值中的占比约为 56.1%，其中装备制造业增加值占规模以上工业增加值的比重约为 46.0%，占当年生产总值的 13.5%。这些数据不仅反映出广东省制造业的结构特点，还表明广东省在先进制造业领域具有较强的实力和竞争优势。

如表 12-5 所示，在对生产总值贡献率最大的前十名产业中，有 5 个产业对应的专业大类都是装备制造大类。其中，第一位是计算机、通信和其他电子设备制造业，2020 年的生产总值为 8583.90 亿元；第二位是电气机械和器材制造业，2020 年的生产总值为 3494.57 亿元；第三位是汽车制造业，2020 年的生产总值为 1864.66 亿元。除了计算机、通信和其他电子设备制造业的产值基本与往年持平外，其余 4 个产业的产值增长幅度都在 5.0%以上，其中电气机械和器材制造业的产值增长幅度超过了 8.0%。由此可见，装备制造大类专业所对应的行业经济总量占比较高，且具有较好的成长趋势，应成为高职人才培养的重点领域。

在规模以上工业中，装备制造业的产值增幅明显大于传统的高能耗产业，发展优势明显。在对生产总值贡献率最大的前十名产业中，有 4 个产业属于高耗能行业，对应的专业大类主要是能源动力与材料大类。根据统计公报数据，高耗能行业的总产值占规模以上工业增加值的比重约为 25.1%，而广东省高技术制造业增加值占规模以上工业增加值的比重约为 31.1%。就增长性而言，非金属矿物制品业增长了 2.5%，电力、热力生产和供应业下降了 0.4%，化学原料和化学制品制造业增长了 0.1%，橡胶和塑料制品业增长了 0.9%。与之相比，这些行业的增长幅度明显低于装备制造业，这反映出装备制造业在高能耗行业中具有较高的增长速度和相对优势。综上所述，广东省的工业产业结构正朝着集约化、低碳化、智能化的方向不断发展。

表 12-5　广东省 2019—2020 年规模以上工业总产值前十位产业所对应的专业大类

规模以上工业总产值前十位的产业	2019 年生产总值（亿元）	2020 年生产总值（亿元）	增长幅度	对应的专业大类
计算机、通信和其他电子设备制造业	8670.24	8583.90	−0.1%	装备制造大类
电气机械和器材制造业	3385.01	3494.57	8.0%	装备制造大类
汽车制造业	1837.00	1864.66	6.6%	装备制造大类
电力、热力生产和供应业	1714.09	1678.14	−0.4%	能源动力与材料大类
非金属矿物制品业	1413.99	1470.76	2.5%	能源动力与材料大类

续表

规模以上工业总产值前十位的产业	2019 年生产总值（亿元）	2020 年生产总值（亿元）	增长幅度	对应的专业大类
金属制品业	1383.22	1411.89	4.8%	能源动力与材料大类
橡胶和塑料制品业	1266.48	1287.54	0.9%	能源动力与材料大类
专用设备制造业	1115.39	1255.83	4.8%	装备制造大类
化学原料和化学制品制造业	1103.09	1191.46	0.1%	生物与化工大类
通用设备制造业	973.98	1014.13	5.0%	装备制造大类

如表 12-6 所示，2020 年广东省高职院校装备制造大类的专业布点数为 344 个，占总专业布点数的 10.6%，在校生规模占比为 9.82%。而从就业人员占比来看，2020 年广东省制造业就业人员比重为 28.3%，结合广东省 2020 年装备制造业增加值比重（占当年生产总值的 13.5%）分析得知，虽然第二产业的专业布点比重略高于其产业比重和就业人员比重，但归属于第二产业的装备制造大类专业的布点规模还是远远不够，存在较大差距。而且面向未来技术发展的智能网联汽车技术、工业互联网应用、智能机器人技术、智能光电制造技术等 10 多个专业的布点数极其有限，需要适当拓展。广东省应增加装备制造大类的专业布点数量，并持续加大该专业大类的招生规模。

表 12-6　2020 年广东省高职院校装备制造大类专业布点情况

装备制造大类所属专业	专业二类							总计
	船舶与海洋工程装备类	轨道装备类	航空装备类	机电设备类	机械设计制造类	汽车制造类	自动化类	
工业机器人技术							45	45
机电一体化技术							43	43
电气自动化技术							40	40
新能源汽车技术						32		32
模具设计与制造					26			26

续表

装备制造大类所属专业	专业二类							总计
	船舶与海洋工程装备类	轨道装备类	航空装备类	机电设备类	机械设计制造类	汽车制造类	自动化类	
数控技术					23			23
智能控制技术							19	19
工业设计					18			18
汽车制造与试验技术						17		17
机械制造及自动化					17			17
机械设计与制造					13			13
无人机应用技术			8					8
汽车电子技术						6		6
智能网联汽车技术						5		5
电梯工程技术				5				5
制冷与空调技术				4				4
智能制造装备技术				3				3
数字化设计与制造技术（新增）					3			3
机电设备技术				3				3
工业互联网应用							3	3
智能机器人技术							2	2
智能光电制造技术					2			2
智能机电技术							1	1
增材制造技术					1			1
游艇设计与制造	1							1
理化测试与质检技术					1			1
轨道交通工程机械制造与维护		1						1
船舶动力工程技术	1							1
船舶电气工程技术	1							1
总计	3	1	8	15	104	60	153	344

第二，建筑业。党的十八大以来，广东省积极抓住建筑业发展机遇，支持建筑企业扩大规模、提升实力、优化运营，充分发挥建筑业在促进经济增长和就业稳定等方面的重要作用。根据表 12-7 可知，广东省的建筑业增加值从 2019 年的 4333.96 亿元增加至 2020 年的 4651.50 亿元，增长率为 7.33%，占全省地区生产总值比重从 2012 年的 3.29%提升到 4.20%，对全省经济增长的贡献率呈上升趋势。从就业人员规模来看，2011 年广东省建筑业的从业人员为 190.28 万人，到 2020 年，建筑业的从业人员增长至 342.44 万人，建筑业从业人员比重从 2011 年的 3.13%增长至 2020 年的 4.86%。由此可知，广东省建筑业从业人员的数量和比重均有较大幅度的提升。

表 12-7　广东省建筑业产值比重及就业人数情况

年份	建筑业增加值（亿元）	生产总值（亿元）	建筑业增加值比重	期末就业人员（万人）	总就业人数（万人）	就业人员比重
2011 年	1755.04	53072.79	3.31%	190.28	6087.00	3.13%
2012 年	1876.07	57007.74	3.29%	198.31	6171.00	3.21%
2013 年	2260.48	62503.41	3.62%	204.79	6273.00	3.26%
2014 年	2496.15	68173.03	3.66%	211.07	6428.00	3.28%
2015 年	2684.40	74732.44	3.59%	185.50	6566.00	2.83%
2016 年	2909.50	82163.22	3.54%	246.17	6703.00	3.67%
2017 年	3289.32	91648.73	3.59%	289.97	6858.00	4.23%
2018 年	3849.75	99945.22	3.85%	313.50	6960.00	4.50%
2019 年	4333.96	107986.92	4.01%	329.51	6995.00	4.71%
2020 年	4651.50	110760.94	4.20%	342.44	7039.00	4.86%

根据表 12-8 可知，2020 年广东省高职院校土木建筑大类专业布点数为 217 个，专业布点比重为 6.5%，在校生规模比重为 6.6%，专业结构和招生规模与建筑业发展和人才需求趋势基本匹配。近年来，广东省建筑业的产业现代化水平稳步提升，随着我国逐步形成以国内大循环为主体、国

内国际双循环相互促进的新发展格局，广东省作为经济发达省份，在新型城镇化建设，以及交通、水利、能源等领域的重大工程规模不断扩大，这对建筑行业人才提出了管理、技术和设计等方面的更高要求。此外，在广东省高职院校土木建筑大类专业中，建筑设计类和建设工程管理类的专业布点数分别为 75 个和 59 个，布点比重合计超过 60%。在土木建筑大类专业中，布点比重前 5 的专业中，除建筑工程技术专业外，工程造价、建筑室内设计、建设工程管理和建筑设计等 4 个专业都属于设计类和管理类专业。由此可知，在土木建筑大类专业中，专业布点比重、规模，以及专业方向都比较符合广东省建筑业未来发展的人才需求特点。

表 12-8　2020 年广东省高职院校土木建筑大类专业布点情况

土木建筑大类所属专业	专业二类						总计
	房地产类	建设工程管理类	建筑设备类	建筑设计类	市政工程类	土建施工类	
工程造价		36					36
建筑工程技术						25	25
建筑室内设计				21			21
建设工程管理		20					20
建筑设计				19			19
建筑装饰工程技术				11			11
风景园林设计				10			10
园林工程技术				10			10
现代物业管理	9						9
建筑智能化工程技术			8				8
……	……	……	……	……	……	……	……
总计	16	59	20	75	13	34	217

（4）第三产业中产业结构与专业结构的适应性分析

在广东省的 89 所高职院校中，与第三产业相关的专业有 269 个，专业种类覆盖率为 36.2%，专业布点数为 1835 个，占专业布点总数的 55.1%。这说明各高职院校均比较看好第三产业的发展前景，加大了第三产业相关专业的建设力度，使得广东省第三产业的专业布点比重与产业比重和就业人员比重基本吻合。

如表 12-9 所示，在广东省第三产业所有专业中，布点规模排在前 3 位的大类专业分别是财经商贸大类、电子与信息大类、教育与体育（文化艺术）大类，专业布点比重分别是 17.06%、15.98%、18.02%。其中，财经商贸大类的专业布点数为 568 个，其专业布点比重与产业比重基本吻合，但存在部分专业设置重复度过高的问题。例如，设置大数据与会计专业的学校有 72 所、设置电子商务专业的学校有 65 所、设置现代物流管理专业的学校有 57 所，这些专业相对来说办学成本较低，部分学校在进行专业规划时存在盲目跟风现象，并没有考虑专业设置与区域产业发展的匹配性，在专业内涵建设方面着力不够，在人才培养质量上参差不齐。

表 12-9 广东省第三产业与高职院校专业结构的适应性分析

<table>
<tr><th>第三产业中的主要行业</th><th>2019 年营业收入（亿元）</th><th>2020 年营业收入（亿元）</th><th>增长率</th><th>收入比重</th><th>对应的专业大类</th><th>专业布点比重</th></tr>
<tr><td>仓储、邮政业和运输业</td><td>8708.70</td><td>8704.80</td><td>−0.04%</td><td>7.86%</td><td rowspan="3">财经商贸</td><td rowspan="3">17.06%</td></tr>
<tr><td>租赁和商务服务业</td><td>6195.60</td><td>6096.00</td><td>−1.61%</td><td>5.59%</td></tr>
<tr><td>住宿和餐饮业</td><td>1700.39</td><td>1424.61</td><td>−16.22%</td><td>1.29%</td></tr>
<tr><td>信息传输、软件和信息技术服务业</td><td>10665.70</td><td>12482.70</td><td>17.04%</td><td>9.63%</td><td>电子与信息</td><td>15.98%</td></tr>
<tr><td>旅游业</td><td>15157.90</td><td>4690.59</td><td>−69.06%</td><td>4.23%</td><td>旅游</td><td>4.48%</td></tr>
<tr><td>水利、环境和公共设施管理业</td><td>460.70</td><td>516.40</td><td>12.09%</td><td>0.42%</td><td rowspan="2">公共管理与服务</td><td rowspan="2">3.11%</td></tr>
<tr><td>居民服务、修理和其他服务业</td><td>369.20</td><td>372.60</td><td>0.93%</td><td>0.33%</td></tr>
</table>

续表

<table>
<tr><th>第三产业中的主要行业</th><th>2019 年营业收入（亿元）</th><th>2020 年营业收入（亿元）</th><th>增长率</th><th>收入比重</th><th>对应的专业大类</th><th>专业布点比重</th></tr>
<tr><td>教育</td><td>398.30</td><td>406.00</td><td>1.93%</td><td>0.36%</td><td rowspan="2">教育与体育（文化艺术）</td><td rowspan="2">18.02%</td></tr>
<tr><td>文化、体育和娱乐业</td><td>628.50</td><td>411.10</td><td>−34.59%</td><td>0.57%</td></tr>
<tr><td>卫生和社会工作</td><td>406.90</td><td>428.20</td><td>5.24%</td><td>0.37%</td><td>医药卫生</td><td>7.36%</td></tr>
</table>

注：由于专业大类与第三产业不能完全精确对应，因此专业布点的计算存在部分重复交叉。

在专业布点的总体结构上，电子与信息、教育与体育（文化艺术）、医药卫生大类的专业也存在设置重复度过高的问题，如设置软件技术、计算机应用技术、商务英语等专业的布点数分别为 55 个、54 个和 64 个（如表 12-10 所示），而且这些专业布点的比重远远高于对应产业的比重，如教育与体育（文化艺术）大类专业布点比重为 18.02%，而对应产业比重仅为 0.93%，在专业设置上严重过剩。根据 2021 年我国职业教育质量年度报告，全国 2020 届高职学生毕业半年后工作与专业相关度平均值为 67.6%，财经商贸大类、电子与信息大类的专业相关度分别为 58.2%和 57.5%，在专业相关度排名中居于后几位，仅高于装备制造大类和旅游大类。其他大类，如教育与体育（文化艺术）大类、公共管理与服务大类、公安与司法大类的专业相关度也均低于平均值，说明这些大类的专业由于就业口径比较宽，或办学成本较低，容易受到各类高职院校的青睐，但很多学校在人才培养方案的设计过程中并没有紧跟行业的新技术和新工艺的发展，在培养内容和培养模式上不能适应行业对人才需求的变化，从而造成了人力资源的浪费。

表 12-10 广东省第三产业对应专业的布点情况

第三产业对应专业	财经商贸大类	电子与信息大类	教育与体育大类	文化艺术大类	医药卫生大类	旅游大类	……	总计
大数据与会计	72						……	72
电子商务	65						……	65
商务英语			64				……	64
现代物流管理	57						……	57
软件技术		55					……	55
市场营销	55						……	55
计算机应用技术		54					……	54
工商企业管理	51						……	51
大数据技术		49					……	49
计算机网络技术		49					……	49
物联网应用技术		45					……	45
数字媒体技术		43					……	43
……	……	……	……	……	……	……	……	……
总计	568	532	319	……	……	……	……	1835

（5）广东省专业结构的优化措施

第一，补齐第一产业专业设置不足的短板。引导并加强面向农业的农产品加工与质量检测、森林和草原资源保护、森林生态旅游与康养、休闲农业经营与管理、作物生产与经营管理、自然保护地建设与管理等专业的布点，尤其是以农业为办学特色的高职院校，要加强对我国乡村振兴战略，以及现代农业对人才需求变化的分析，在更高的起点上优化专业结构，服务广东省农业发展“十四五”规划，为广东省构建现代农业产业体系提供有力的人才支撑。另外，全省面向渔业的专业种类只有 1 个，专业布点仅有 4 个，与广东省渔业经济的发展规模严重不符。因此，在进行专业调整时，不仅要增加渔业类专业的布点数量，还要拓展海洋渔业技术、水生动物医学等专业种类，丰富渔业类专业人才的供给。

第二，优化第二产业中先进制造业的专业结构。根据广东省发布的制造业高质量发展“十四五”规划，到 2025 年，制造业增加值占生产总值的比重要超过 30%，高技术制造业增加值占规模以上工业增加值的比重要达到 33%，这两个数据充分体现了广东省对制造业的高度重视。在规模以上工业中，装备制造业是广东省现代产业体系中非常重要的组成部分，其经济规模和发展增幅明显大于传统的高能耗产业，发展优势明显。在面向装备制造业的专业中，布点较多的专业主要集中在机电一体化技术、模具设计与制造等传统专业，而针对未来技术发展的先进制造业的专业布点非常有限，因此广东省应加强智能网联汽车技术、智能机器人技术、智能机电技术等前沿技术专业的布点。

第三，调整面向现代服务业重点领域的专业比重。对于财经商贸大类、电子与信息大类、教育与体育（文化艺术）大类的专业设置，应注意在总体上控制专业布点。其中，电子与信息大类专业面向的是信息传输、软件和信息技术服务业，这些行业对岗位人才的技术技能要求较高，且专业的指向性较强，而目前虽然广东省的高职院校在电子与信息大类专业的布点规模较大，但部分学校并没有结合区域产业的发展需求来考虑专业的内涵发展。因此，各高职院校需稳定现有相关专业的设置和人才培养规模，注重内涵建设，提升人才培养质量。另外，教育与体育（文化艺术）大类专业的布点比重远远大于对应的产业比重，要予以重点控制，适当减少招生规模。对于与民生服务重点相关的行业，如旅游休闲、健康养生、公共设施管理和居民服务、修理和其他服务业等，未来的需求发展较快，可以前瞻性地增加专业布点。

第四，加强面向新兴产业发展的特色专业布点。产业技术的变革正在加速催生全新的产业生态，广东省现有的专业布点结构与新兴产业的发展存在较严重的脱节现象。根据统计数据，目前广东省高职院校的专业种类为 440 个，在新颁布的 2022 年高职（专科）专业目录中的覆盖率为 59%，有 304 个专业还没有开设。另外，部分学校正在尝试针对新兴产业开设新专业，如佛山职业技术学院等学校针对文化旅游新业态，设置了定制旅行管理与服务专业，广东建设职业技术学院等学校针对装配式建筑新业态和增加的新职业，设置了与最新行业动态接轨的装配式建筑构件智能制造技术专业。但总的来讲，面向新兴产业的专业布点数量仍是极其有限。作为高职院校，应该加强创新意识，面向新产业、新业态积极谋划新的专业布局，服务未来产业的发展。

12.6 广东省粤北地区高职教育的供给侧优化策略

12.6.1 粤北地区区域经济和高职教育发展概述

(1) 粤北地区区域经济发展概述

广东省是我国第一经济大省，也是我国改革开放的先行地，截至 2022 年底，广东省的地区生产总值已连续 34 年位居全国第一。但区域发展不平衡一直是广东省发展的最大短板，广东省的东西两翼和北部山区存在内生发展动力不足、城市化水平和中心城市带动作用不突出、县域产业发展平台不强等问题。粤北地区含韶关、河源、梅州、清远和云浮等 5 个城市，面积 7.71 万平方公里，自 20 世纪 90 年代初期开始，因区位劣势、资金不足、人才匮缺等诸多因素，这里的经济发展明显滞后于珠江三角洲地区。随着“一核一带一区”战略的实施，北部生态发展区的绿色发展优势凸显，以生态农业、绿色工业、生态旅游为主体的生态产业体系初步形成。但与全省其他地区相比，粤北地区的经济发展仍然落后很多，这也导致广东省 21 个地市的区域发展差异系数远高于江苏省、山东省和浙江省等东部沿海省份，这种较为明显的差距将会削弱全省经济持续快速发展的后劲。粤北地区经济落后的一个重要的原因是产业层次低、产业结构不合理，在产业分工中处于价值链低端，缺乏能带动经济发展的支柱产业，无法形成产业核心竞争力。缩小粤北地区与珠江三角洲地区之间的发展差距，是广东省区域协调发展的紧迫任务。广东省委、省政府历来高度重视区域发展不平衡、不协调问题，始终致力于破解区域发展不平衡的难题。

粤北地区的土地、林业、矿产和旅游资源丰富，生态环境得天独厚，土地、劳动力、水、电等要素相对充裕，发展成本相对较低。党的十九大以后，广东省的区域协调发展进入全新阶段。在新的发展阶段，要进一步打破区域间的行政壁垒，按照高质量发展要求，以更高的站位、更宽的视野提高区域发展政策的针对性和有效性，建立更加积极有效的区域协调发展机制，充分发挥粤北地区的生态资源优势，切实增强区域发展的平衡性和协调性。

（2）粤北地区的产业发展定位

“十四五”以来，在“一核一带一区”区域发展新格局下，被定位为粤北生态发展区的韶关、清远、云浮、梅州、河源等 5 个城市的发展脉络愈发明晰。在未来发展规划方面，这 5 个城市一方面立足于自身的资源禀赋特征，在区域战略、城市发展和产业发展规划上坚持绿色发展、产业生态的原则，如梅州被定位为广东省文化旅游特色区，云浮被定位为全省循环经济和人居环境建设示范市。另一方面，这 5 个城市因地制宜地考虑到了粤北地区的城市地缘特征和发展基础，如韶关被定位为粤湘赣省际开放先行区，河源、清远分别被定位为环珠三角新兴产业集聚地和高新产业成长新区。产业生态化是北部生态发展区实现高质量绿色发展的题中之义，在这一总体发展战略框架下，粤北地区的产业发展重点主要包括以下几个方面。

第一，加快新旧动能转换，淘汰高污染、高耗能、高排放的产业和企业，大力发展先进装备制造、生物医药、大数据等产业。

第二，推进城市与农村融合，大力发展特色农业、健康养生等新型业态，打造乡村旅游、文化旅游相结合的全域旅游模式。

第三，积极主动地承接珠江三角洲地区的产业转移，以工业园为载体，错位发展特色产业集群，打造专业分工合作的产业链。

（3）粤北地区高职教育发展概述

目前，粤北地区的韶关、清远、云浮、梅州、河源等 5 个城市有 6 所市属高职院校，分别是罗定职业技术学院、云浮中医药职业学院、清远职业技术学院、河源职业技术学院、梅州职业技术学院和广东松山职业技术学院，其中云浮中医药职业学院和梅州职业技术学院为 2022 年新增的高职院校。随着技术变革和产业优化升级的深入推进，传统就业岗位正面临缩减或调整，新的就业岗位不断涌现，职业教育的专业结构必须契合产业结构，并根据产业结构发展予以动态调整。2015 年和 2021 年，教育部曾两次对高职（专科）专业目录进行修订，对专业分类和设置进行补充和调整，以适应新形势下我国经济发展对岗位人才的需求。根据最新数据统计，粤北地区高职院校的专业布点情况如表 12-11 所示。粤北地区共设置专业 197 个，其中第一产业的相关专业 8 个，第二产业的相关专业 39 个，第三产业的相关专业 150 个。在专业大类中，电子与信息大类的相关专业最多，有 41 个，然后依次是装备制造大类有 33 个，财经商贸大类和教育与体育大类都是 26 个。韶关、河源、云浮等 3 个城市的专业布点都在 45 个以上，清远的专业布点有 37 个，梅州的专业布点有 20 个。

表 12-11 粤北地区高职院校的专业布点情况

产业类别	专业大类	韶关	河源	云浮	梅州	清远	专业大类总计
第一产业	农林牧渔大类		1	1	5	1	8
第二产业	能源动力与材料大类	1	1	1		1	4
	生物与化工大类					1	1
	装备制造大类	12	6	7	4	4	33
	资源环境与安全大类		1				1
第三产业	财经商贸大类	7	6	6	2	5	26
	电子与信息大类	12	10	11	3	5	41
	公共管理与服务大类	2	1			1	4
	交通运输大类	1	1	1	1	2	6
	教育与体育大类	2	9	11	1	3	26
	旅游大类	2	3	1	1	3	10

续表

产业类别	专业大类	韶关	河源	云浮	梅州	清远	专业大类总计
	食品药品与粮食大类		1	2	1	3	7
	土木建筑大类	4	2		1		7
	文化艺术大类	2	4		1	2	9
	新闻传播大类		1				1
	医药卫生大类			7		6	13
专业数总计		45	47	48	20	37	197

在办学规模和成效方面，截至 2021 年，粤北地区的高职院校在校生规模为 55414 人，占全省高职院校在校生总数的 4.47%。在 2022 年广东省省域高水平高等职业院校建设计划拟立项名单中，河源职业技术学院和清远职业技术学院（培育）名列其中。河源职业技术学院建有电子信息工程技术、旅游管理、学前教育、模具设计与制造、工商企业管理、嵌入式技术应用等 6 个省级高水平专业群，较好地对接了当地的产业发展。河源职业技术学院连续两年（2021 年和 2022 年）在全省职业院校技能大赛中排名第二，学校因此被授予广东省职业院校技能大赛“特殊贡献奖”。清远职业技术学院在现代学徒制人才培养模式领域进行了积极探索，形成了独特的办学模式和办学特色，先后荣获国家教育教学成果奖 2 项、省级教育教学成果奖 9 项，起到了良好的示范作用。由此可知，粤北地区的部分高职院校在专业内涵建设和服务区域经济发展方面能够因地制宜，紧密对接当地产业，形成了自己的发展的特色，在“一核一带一区”战略实施中起到了示范和带头作用。但整体上来讲，粤北地区的高职院校在发展规模和质量上与珠江三角洲地区的高职院校仍存在较大差距，区域间高职教育发展的不平衡问题非常突出。

12.6.2 粤北地区高职教育与区域经济的协调发展

本文借鉴崔晓迪、陈建华等相关学者的研究方法，分别从职业教育规模与区域经济规模协调度、职业教育专业结构与区域经济产业匹配度、职业教育质量效益与区域社会经济发展匹配度等 3 个方面展开对职业教育与区域经济的协调发展关系的分析。

（1）粤北地区的高职教育办学规模与区域经济规模匹配度分析

从职业教育的发展历程来看，职业教育的办学规模是以区域经济生产力的发展水平为基础，以满足区域经济发展过程中各类技术型人才的需求为目标导向的。粤北地区属于经济欠发达地区，高职教育的办学规模和办学条件远不及珠三角等经济发达地区。“十四五”以来，粤北地区充分发挥自然生态和劳动力资源的比较优势，依托珠江三角洲地区的辐射和带动功能，经济发展水平屡创新高，产业结构不断优化，发展活力不断增强。粤北地区的高职院校数量和学生规模也相应地不断增长，以满足区域经济发展的需要。2021 年，广东省聚焦“一核一带一区”区域发展新格局，支持经济欠发达地区新增 4 所公办高职院校，其中粤北地区有两所，历史性地实现了各地市高职院校全覆盖。本书借鉴相关的研究方法，采用规模协调度指标来衡量职业教育规模与区域经济发展规模的匹配性，即职业院校在校生人数与经济发展规模（生产总值）的比值。如表 12-12 所示，将粤北地区的高职教育与区域经济发展规模协调度与广东省进行比较分析，得出如下结论。

表 12-12　粤北地区和广东省的高职教育与区域经济发展规模协调度情况

年份	粤北地区			广东省			粤北地区与广东省规模协调度之比
	在校生数量（人）	生产总值（亿元）	规模协调度	在校生数量（人）	生产总值（亿元）	规模协调度	
2016 年	44216	5081.21	8.70	727949	82163.22	8.86	0.98
2017 年	44235	5467.48	8.09	737334	91648.73	8.05	1.01
2018 年	43474	5782.69	7.52	759085	99945.22	7.60	0.99
2019 年	46923	6231.80	7.53	802195	107986.92	7.43	1.01
2020 年	42715	6554.71	6.52	1178000	111151.63	10.60	0.61
2021 年	55414	7282.33	7.61	1238909	124369.67	9.96	0.76
2022 年	70687	7371.15	9.59	1324400	129118.58	10.26	0.93

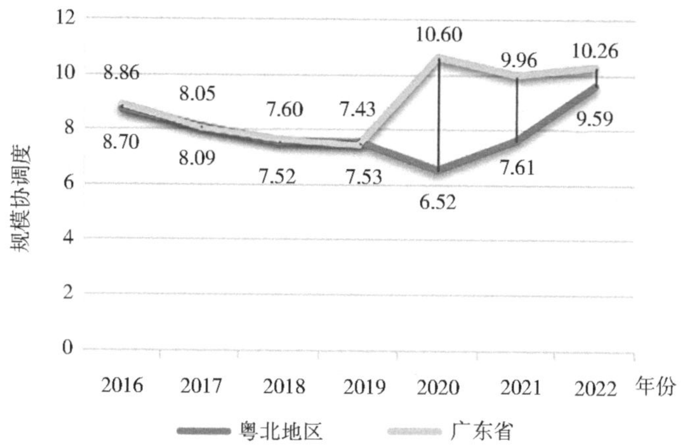

图 12-2　粤北地区和广东省的高职教育与区域经济发展规模协调度对比

2016 至 2019 年，粤北地区和广东省的高职教育与区域经济发展规模协调度之比接近于 1，即粤北地区的高职教育规模协调度与广东省基本相同，没有形成明显的差距，这说明在“十三五”期间，粤北地区的高职教育规模与全省的发展步伐高度契合。另外，粤北地区和广东省的规模协调度都呈缓慢下降趋势，这说明粤北地区乃至广东省高职教育规模的发展低于区域经济的发展速度，全省的高职教育规模有待于调整和优化。

2019 至 2021 年，粤北地区和广东省的高职教育与区域经济发展规模协调度出现较大波动，粤北地区与全省的规模协调度开始出现较大差距，2020 年和 2021 年，两者的协调度之比依次为 0.61 和 0.76，这说明 2019 年以后，广东省高职教育的扩容提质效果开始显现，全省的高职教育规模平均增长速度高于经济发展速度。而在此背景下，粤北地区的高职教育规模增长并不明显，职业教育的发展速度依然落后于区域经济的发展速度。

2021 年和 2022 年，粤北地区的高职教育与经济发展协调度显著提升，2022 年与全省规模协调度之比为 0.93，这说明广东省“一核一带一区”战略的实施效果在职业教育领域开始凸显。在这两年当中，广东省加大了对粤北地区高职教育的投入，改善了教育资源配置，增加了高职院校的数量，并扩大了高职院校的规模。

(2) 粤北地区的高职教育与区域经济发展的结构匹配度分析

第一，专业结构和产业结构适配性分析。本书借鉴相关的研究方法，采用专业结构偏离度指标来衡量职业教育规模与区域经济发展结构的匹配性，用 X_i 代表第一、第二、第三产业的生产总值比重，用 Z_i 代表第一、第二、第三产业所对应专业的比重。结构偏离度是指某一产业对应专业的比重与生产总值比重的比值与 1 的差，用 Y_i 表示结构偏离度，表达公式为 $Y_i=(Z_i/X_i)-1$。结构偏离度的绝对值越小，则产业结构与专业结构间的差异越小，关系越协调。结构偏离度为负值，表示专业比重不能满足产业发展的需要。反之，表示相对于产业发展，对应的专业设置过多，需要进行调整。根据《广东省统计年鉴》和广东省各高职院校门户网站的数据，整理可得表 12-13。

表 12-13 2022 年粤北地区的专业结构偏离度情况

区域	第一产业生产总值比重	第二产业生产总值比重	第三产业生产总值比重	第一产业招生专业比重	第二产业招生专业比重	第三产业招生专业比重	第一产业专业偏离度	第二产业专业偏离度	第三产业专业偏离度
韶关	14.36%	35.60%	50.05%	0	37.78%	62.22%	−1.00	0.06	0.24
河源	12.55%	36.24%	51.21%	2.13%	21.28%	76.60%	−0.83	−0.41	0.50
梅州	19.57%	30.93%	49.51%	25.00%	25.00%	50.00%	0.28	−0.19	0.01
清远	16.27%	37.77%	45.96%	2.70%	16.22%	81.08%	−0.83	−0.57	0.76
云浮	18.83%	32.55%	48.62%	2.08%	16.67%	81.25%	−0.89	−0.49	0.67
粤北地区	16.20%	34.99%	48.80%	4.06%	23.35%	72.59%	−0.75	−0.33	0.49

由表 12-13 可知，粤北地区的第一、第二产业对应专业的结构偏离度均为负值，尤其是第一产业的专业结构偏离度较大，表明粤北地区的高职院校在第一产业对应专业的设置上存在严重不足，如韶关市第一产业对应的专业数为 0，与当地第一产业的发展现状严重不符，河源、清远、云浮

等城市第一产业对应的专业数也仅有 1 个，无法满足当地第一产业发展的人才需求。

在第二产业中，粤北地区的高职院校对应专业的结构偏离度为－0.33，表明粤北地区的高职院校在第二产业对应专业的设置上存在不足。例如，清远和云浮正在积极主动地承接珠三角地区的产业转移，错位发展特色产业集群，打造专业分工合作的产业链，其第二产业需要大量的技术技能型人才，而两市第二产业对应专业的布点比重却不能满足产业发展的需求。

在第三产业中，粤北地区的高职院校对应专业的结构偏离度为 0.49，表明粤北地区的高职院校在第三产业对应专业的设置上存在布点过多、比重过大的问题。除梅州外，其他 4 个城市的结构偏离度都较大，清远和云浮的结构偏离度达到了 0.7 左右，表明第三产业对应专业的布点严重过剩，亟待优化和调整。

第二，产业结构和区域就业结构适配性分析。产业结构偏离度是指各产业增加值的比重与相应的劳动力比重的差异程度，表达公式为产业结构偏离度＝生产总值的产业构成百分比/就业的产业构成百分比－1。一般来说，产业结构偏离度越小，表明产业与就业发展越均衡。产业结构偏离度越大，表明就业结构与产业结构越失衡。当产业结构偏离度为负值时，表明产业比重小于就业比重。当产业结构偏离度为正值时，表示产业比重大于就业比重。表 12-14 为 2022 年粤北地区产业、就业及专业布点情况，表 12-15 为 2022 年粤北地区就业结构偏离度情况。

由表 12-15 可知，粤北地区第一产业的就业结构偏离度均为负值，在－0.21 至－0.49 之间，表明粤北地区从事第一产业的就业人口所占比例较高，而第一产业对国内生产总值的贡献相对较低，即第一产业的劳动生产率不高，存在隐形失业，处于劳动力过剩的状态，劳动力需继续向非农行业转移。同时也说明在粤北地区，农业仍然是主要的经济支柱，大量的劳动力被吸纳到农业领域中从事农业生产，由于技术水平还停留在传统的农业发展阶段，亟待进行农业结构的调整与转型。

表 12-14　2022 年粤北地区产业、就业及专业布点情况

区域	第一产业生产总值（亿元）	第二产业生产总值（亿元）	第三产业生产总值（亿元）	第一产业就业人数（万人）	第二产业就业人数（万人）	第三产业就业人数（万人）	第一产业专业数量	第二产业专业数量	第三产业专业数量
韶关	224.56	556.69	782.67	32.69	25.86	67.03	0	17	28
河源	162.41	469.15	663.01	33.06	29.41	72.66	1	10	36
梅州	257.91	407.69	652.60	42.18	38.81	89.23	5	5	10
清远	330.61	767.59	933.83	43.43	40.64	99.54	1	6	30
云浮	218.91	378.32	565.20	28.64	24.39	46.68	1	8	39
粤北地区	1194.40	2579.43	3597.31	180.00	159.11	375.14	8	46	143

表 12-15　2022 年粤北地区就业结构偏离度情况

区域	第一产业生产总值比重	第二产业生产总值比重	第三产业生产总值比重	第一产业就业比重	第三产业就业比重	第三产业就业比重	第一产业就业结构偏离度	第二产业就业结构偏离度	第三产业就业结构偏离度
韶关	14.36%	35.60%	50.05%	26.03%	20.59%	53.38%	−0.45	0.73	−0.06
河源	12.55%	36.24%	51.21%	24.47%	21.76%	53.77%	−0.49	0.67	−0.05
梅州	19.57%	30.93%	49.51%	24.78%	22.80%	52.42%	−0.21	0.36	−0.06
清远	16.27%	37.77%	45.96%	23.65%	22.13%	54.21%	−0.31	0.71	−0.15
云浮	18.83%	32.55%	48.62%	28.72%	24.46%	46.82%	−0.34	0.33	0.04
粤北地区	16.20%	34.99%	48.80%	25.20%	22.28%	52.52%	−0.36	0.57	−0.07

第二产业的就业结构偏离度均为正值，这表明第二产业的就业比重较低，劳动生产率较高，产值比重大于就业比重，但也表明存在就业人员不足的问题。由于第二产业通常是由资本密集型和技术密集型的生产方式组成，自动化和机械化程度较高，因此随着技术的进步和生产方式的改变，

制造业和建筑业能够以较少的劳动力完成更多的产出，所以就业岗位相对较少，大量的第二产业从业人员逐渐向第三产业转移。尽管第二产业在产值方面贡献较大，但就业机会有限，这可能导致就业问题和对社会稳定性的挑战。因此，一个健康的经济体系通常会追求产业结构的多样化和平衡发展，以促进全面的经济增长和提供更多的就业机会。

第三产业的就业结构偏离度值较小，在－0.15 至 0.04 之间，这表明粤北地区第三产业的就业发展比较均衡，就业人口比重略高于产值比重。总体上来看，粤北地区的就业结构呈现出与产业结构相同的变化趋势，但在变动幅度及构成上表现出一定的差异性。尽管服务业在提供就业机会方面发挥了重要作用，但服务业中的低附加值行业占比较大。随着科技的发展，一些传统的服务业开始采用自动化和数字化技术，提高了生产效率，这可能导致服务业的产值增加速度大于就业人口的增加速度，从而使得第三产业的就业人口比重只是略高于产值比重。

12.6.3　粤北地区高职教育存在的主要问题和优化建议

(1) 粤北地区高职教育在区域经济协同发展中的主要问题

第一产业。粤北地区的第一产业就业人员存在冗余现象，主要表现为劳动力过剩和生产力低下。随着城镇化和农业现代产业化的深入推进，大量从事农业生产的人员会向城市转移，导致农业劳动力供过于求。这种冗余现象不仅造成了资源浪费，还限制了农业现代化的发展。在粤北地区，农业仍然是支柱产业，但专业人才培养方面存在一定的问题。首先，高职院校的专业布点数量严重不足，无法满足区域农业现代化发展的需要。其次，现有的专业人才培养规模不足，由于农业生产的特殊性和现代化发展的需求，需要大量具备农业专业知识和实践经验的人才。

第二产业。相对于粤北地区第二产业的经济发展规模，第二产业的从业人员数量相对较少，但人均贡献较高，这反映出粤北地区第二产业现代化发展进程较快。在粤北地区的第二产业中，资本密集型企业和技术密集型企业比例较高，机器替代人工的现象日益明显，包括人工智能、大数据和物联网等技术的广泛应用，但是粤北地区高职院校面向第二产业的专业布点数严重不足。目前，粤北地区高职院校的专业主要集中在装备制造领域，而在生物与化工、资源环境与安全领域的专业则相对匮乏。这种专业布局的不合理导致了粤北地区在相关产业领域缺乏足够的专业人才支持。

第三产业。在粤北地区，第三产业的就业人口比重与产业发展规模基本匹配，但仍存在一些结构性的问题。目前，在粤北地区的产业结构中，第三产业占据主导地位，成为经济增长的引擎。然而，第三产业的从业人员主要集中在低附加值的服务业中，而从事专业技术服务的人员较少，这导致粤北地区第三产业的就业人群整体水平偏低，缺乏高技能、高素质的专业人才。在粤北地区高职院校的专业布点中，面向第三产业的专业相对较多，远超产业比重，特别是电子与信息、财经商贸和教育与体育等领域的专业布点较为集中（如图 12-3 所示），这与粤北地区第三产业门类众多的特点不相符，会导致其他领域的人才短缺，从而限制第三产业的全面发展。

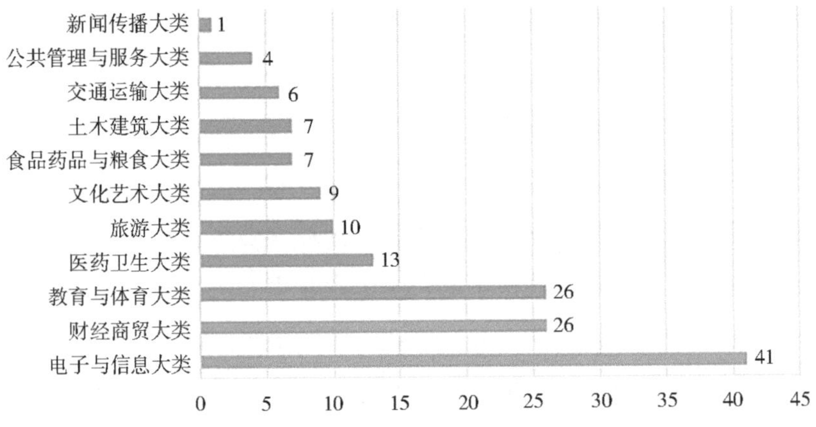

图 12-3　粤北地区第三产业专业大类的专业布点情况

(2) 提升粤北地区高职教育服务区域经济能力的优化建议

粤北地区的高职教育除了存在资源匮乏、师资不足、办学条件较差等问题外，还面临着经济发展滞后、产业体系不全、就业机会有限等诸多挑战，这导致粤北地区高职院校的专业结构和办学规模与区域产业发展出现脱节，从而造成了人才供给与市场需求的严重不匹配。在新的发展阶段，为了更好地服务粤北地区经济的发展，高职教育需要与区域经济发展同频共振，以促进人才培养和产业升级相互促进的良性循环。根据粤北地区高职教育的发展现状，以及粤北地区的产业发展定位，现提出以下优化建议。

第一，根据产业发展需求优化专业布局。为了适应粤北地区产业的发展需求，必须对高职院校的专业结构进行调整。首先，高职院校应增加与第一、第二产业相关的专业布点数，以满足粤北地区日益增长的农业、工业和制造业的人才需求。这些专业主要涉及种植业、畜牧业、农机装备、先进装备制造等领域，为当地经济的稳定发展提供人才支撑。其次，为了更好地适应产业发展的需要，高职院校应合理控制第三产业相关的专业数量，避免专业布点过剩和就业难题。再次，新兴产业，如互联网技术、电子商务、文化创意产业等仍然是关注重点，但需要在数量上进行适度调整，以确保产业结构的均衡发展。最后，要加强技术服务类专业的办学质量，如科学研究、工程咨询、法律咨询、会计审计、市场营销、信息技术等相关专业，要不断提升办学质量，通过提供高质量的教育培训和实践机会，培养学生深入了解行业需求和解决问题的能力，为粤北地区产业的转型升级提供专业技术支持。

第二，加大资金投入和政策支持。首先，政府应增加资金投入，并设立专项资金用于建议师资队伍、教学设施和实训基地。其次，针对职业教育人才引进问题，政府可以制定鼓励政策，吸引优秀人才从事职业教育工作，并建立评价机制，给予教师晋升的机会。再次，政府应积极推动职业院校与企业合作，共同研发课程，提供实习和就业机会。最后，政府应加强监管与评价，建立健全的监管体系，确保职业教育的质量和效果。定期进行教学成果评价和绩效考核，倡导透明的评价机制，增强教师的社会责任感。这些措施的实施将有助于推动粤北地区职业教育的全面发展，提高人才培养质量，创造更多的就业机会，进而促进经济社会的可持续发展。

第三，积极推动区域高职教育的产教融合。有效开展产教融合，建立产学研合作平台是提升粤北地区高职教育服务区域经济能力的关键环节。首先，高职院校应与企业建立长期稳定的合作关系，成立产学研合作基地或实验室，为双方提供合作交流的场所和平台。其次，高职院校应与企业密切沟通，了解市场需求和技能要求，共同设计和更新课程，确保教学内容与实际工作需求相匹配。再次，高职院校应与企业联合开展科研、技术攻关等合作项目，共同解决产业中的难题和挑战，培养学生解决实际问题的能力。最后，政府部门应加强对产教融合的指导和监督，确保合作的效果和质量，同时建立评价体系，定期评价校企合作项目的实施情况和效果，为持续改进和优化提供依据。

第四，开展以实践教学为中心的教育教学改革。针对粤北地区高职教育的发展现状，在不断优化办学条件的同时，高职院校要大力推进以实践教学为中心的教育教学改革。首先，高职院校应积极与企业建立紧密的合作伙伴关系，共同打造校内外实践教学基地，为学生提供真实的工作环境和难得的实习机会。通过亲身参与实际工作，不仅能够提高学生的实际操作能力，还能够培养他们解决实际问题的能力。其次，高职院校应优化课程设置，注重实践技能的培养，除了教授必要的理论知识，还要加强实践技能的训练，使学生能够灵活运用所学知识解决实际问题。最后，高职院校应采用项目驱动和案例分析等教学方法，帮助学生将所学知识应用于实际情景，培养他们解决问题的能力。

第五，加强师资队伍建设。作为经济欠发达地区，粤北地区高职教育师资水平的提升是一个复杂而关键的任务。首先，要制定长期的有针对性的培训计划，以满足教师的特定需求，提高其教学能力和专业素养，这包括教学方法、职业素养、行业知识等方面的培训。然后，加强与经济发达地区的高校和职业院校的合作与交流，促进教学资源和经验的共享，为教师提供专业成长的机会。其次，建立导师制度，由经验丰富的教师担任导师，指导新教师的成长，提高其教学技能和专业素养。再次，要制定相应的激励政策，对取得显著成绩的教师进行奖励，激发其工作动力和创造力。最后，要建立健全的评价机制，定期对教师进行评价和反馈，及时发现问题并采取改进措施，确保教师队伍的质量。

第六，建立终身职业教育机制。为了适应社会发展，提高就业竞争力和推动经济发展，必须建立终身职业教育机制，政府在此过程中扮演着重要角色。首先，政府应建立全面的培训体系，包括与行业协会、企事业单位合作，开设针对不同行业和岗位的课程，并结合实践环境提供实践项目。其次，建立统一的终身职业教育平台，为在职人员提供全方位的学习资源。最后，政府要建立评价和认证机制，通过有效的评价体系对参与终身职业教育的个人进行认证，提高个人的学习动力和培训质量。

12.7　职业教育协同发展个案分析——以广东省职教城（清远）为例

职业教育区域一体化发展是一项深化职业教育改革的制度创新，其内在机理是以扩大区域整体职业教育规模经济为前提，建立一体化发展的协调组织，促进多维联动，形成一体化发展的长效格局。党的十八大以来，广东省委、省政府大力实施粤东、粤西、粤北地区振兴发展战略，全省区域差距的扩大趋势有所减缓，但发展差距依然存在，粤东、粤西、粤北地区内生发展动力亟待增强，基础设施建设和基本公共服务均等化等方面存在突出短板，协同协调的区域发展格局尚未形成，缩小粤东、粤西、粤北地区与珠江三角洲地区的差距，是广东省区域协调发展的一项紧迫任务。一直以来，职业教育被视为与经济发展联系最密切的一种教育类型，职业教育区域均衡发展与区域经济协调发展之间是相互作用、相互影响的关系。2011 年，规划面积达 33.22 平方公里的省级职教基地落户清远并开始建设。2019 年 10 月，广东省职业教育城（清远）完成一期建设并开始招生运营。根据发展规划，广东省职教城每年将为广东省输送超过 4 万名高级技术技能人才，年均提供高级职业培训约 20 万人次，可以有效带动清远及粤北地区的社会经济结构向新型城市化转换，培养区域支柱产业所需的应用实践型人才，促进区域经济的转型升级发展。作为高职院校，应该根据区域经济发展方向、学校特色定位和已有基础来布局专业结构。本书以 9 所地处清远广东省职教城的高职院校为研究对象，从清远区域经济发展的视角分析广东省职教城高校专业布局与区域产业的匹配性，探讨广东省职教城优化专业设置服务区域经济的有效路径。

12.7.1 广东省职教城（清远）的教育基本情况

(1) 总体情况

2019 年以前，清远市的高职院校中仅有清远职业技术学院 1 所公办院校，另有广东南华工商职业学院、广东岭南职业技术学院、广东碧桂园职业学院等 3 所民办院校。由于民办院校在招生和服务等方面较多受制于投资方的战略需求，因此很难完全聚焦于地方产业的发展，所以清远的高职院校资源及办学方向对地方产业发展的支撑比较有限。

在广东省委、省政府的大力支持下，以广东省职教城为基础的职业教育资源快速高度聚集。随着 2019 年广东省职教城首期 5 所公办院校开始正式招生，清远市内的高校数量达到 11 所，在全省各市普通高校数量中排名第四，其中高等职业教育规模仅次于广州（见表 12-16）。目前，广东省职教城聚集了 1 所应用型本科高校、9 所高职院校和 1 所中职学校，初步形成了中高本为一体的职业教育体系基础和构架。根据最新的招生数据，广东省职教城的 9 所高职院校 2022 年的招生计划已超过 5 万人。

表 12-16 广东省高校数量排名前五位的城市

城市	本科及以上院校（所）	专科院校（所）	合计（所）
广州	37	44	81
深圳	10	3	13
佛山	6	7	13
清远	1	9	10
东莞	5	4	9

表 12-17 广东省职教城（清远）的高职院校情况

学校	性质
广东交通职业技术学院	省属公办
广东工程职业技术学院	省属公办
广东南华工商职业学院	民办
广东建设职业技术学院	省属公办
广东科贸职业学院	省属公办
广东岭南职业技术学院	民办
清远职业技术学院	市属公办
广东财贸职业学院	省属公办
广东碧桂园职业学院	民办

（2）专业数量及分布情况

在广东省职教城的 9 所高职院校中，共开办专业 380 个，涉及教育部颁布的《职业教育专业目录（2021 年）》中的 18 个专业大类。根据最新统计数据，广东省职教城的 9 所高职院校中开办专业数量最多的是广东工程职业技术学院、广东交通职业技术学院和广东南华工商职业学院，均为 54 个专业。广东碧桂园职业学院和广东财贸职业学院开办的专业数量最少，分别为 10 个和 26 个。不过这两所学校的行业属性较强，尤其是广东碧桂园职业学院，其性质为民办院校，在人才培养方面主要服务投资方的企业战略人才需求，在专业大类上以土木建筑和装备制造为主。清远职业技术学院是清远市唯一一所市属公办院校，目前开办了 37 个专业，在专业数量上与其他省属综合性院校还存在一定的差距。根据广东省职教城的未来规划，将有更多的省属高职院校加盟职教城，无论是在专业数量，还是在办学规模上，将从根本上改变之前清远市高职教学资源不足的状况。

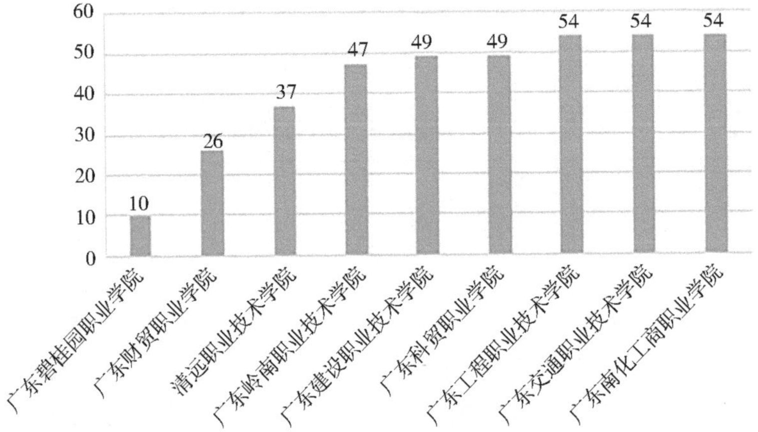

图 12-4 广东省职教城（清远）9 所高职院校的专业数量情况

由于国民经济行业分类与高职高专招生大类的名称不一致，因此参照部分学者的前期研究成果，现将 18 个专业大类与行业对接，可以获得广东省职教城各职业院校的专业大类和产业归属情况（见表 12-18）。由表 12-18 可知，在广东省职教城 9 所高职院校开办的 380 个专业中，属第一产业的专业有 7 个，属第二产业的专业有 116 个，属第三产业的专业有 257 个。关于专业大类的分布情况，公安与司法大类、能源动力与材料大类开办的专业最少，分别只有 1 个，财经商贸大类、电子与信息大类开办的专业较多，分别为 83 个和 55 个，这两个大类的专业之和占到专业总数的近三分之一。第一、第二、第三产业的专业结构比为 1.84 ∶ 30.53 ∶ 67.63，与地区产业结构存在一定的偏离。其中，第一产业偏离度为－13.46，第二产业偏离度为－8.87，第三产业偏离度为 22.33（见表 12-19）。这表明广东省职教城各职业院校面向第一、第二产业开设的专业数量不足，而面向第三产业开设的专业存在过剩和重复的问题。

表 12-18　广东省职教城（清远）各职业院校的专业大类和产业归属情况

产业归属	专业大类	广东碧桂园职业学院	广东财贸职业学院	广东工程职业技术学院	广东建设职业技术学院	广东交通职业技术学院	广东科贸职业学院	广东岭南职业技术学院	广东南华工商职业学院	清远职业技术学院	专业合计
第一产业	农林牧渔大类						6			1	7
第二产业	交通运输大类		2	1	1	19		1	1	2	27
第二产业	能源动力与材料大类									1	1
第二产业	生物与化工大类						3			1	4
第二产业	土木建筑大类	5		7	21	2	5	2	4		46
第二产业	装备制造大类	2		9	1	11	1	6		4	34
第二产业	资源环境与安全大类			1	2	1					4
第三产业	财经商贸大类	1	13	10	8	8	12	9	17	5	83
第三产业	电子与信息大类		4	12	7	8	5	7	7	5	55
第三产业	公安与司法大类								1		1
第三产业	公共管理与服务大类		1	2			1	2	4	1	11
第三产业	教育与体育大类	1	2	2	3	1	2	3	7	3	24

续表

产业归属	专业大类	广东碧桂园职业学院	广东财贸职业学院	广东工程职业技术学院	广东建设职业技术学院	广东交通职业技术学院	广东科贸职业学院	广东岭南职业技术学院	广东南华工商职业学院	清远职业技术学院	专业合计
第三产业	旅游大类	1	1	4		1	4	1	5	3	20
第三产业	轻工纺织大类						1	2	1		4
第三产业	食品药品与粮食大类						4	1	1	3	9
第三产业	文化艺术大类		3	5	6	1	4	3	4	2	28
第三产业	新闻传播大类					1	1	2			4
第三产业	医药卫生大类			1		1		8	2	6	18
专业合计		10	26	54	49	54	49	47	54	37	380

表 12-19 广东省职教城（清远）各职业院校的专业结构与地区产业偏离度

产业类别	专业结构比	地区产业结构比	偏离度
第一产业	1.84	15.3	−13.46
第二产业	30.53	39.4	−8.87
第三产业	67.63	45.3	22.33

12.7.2 广东省职教城（清远）的专业设置与区域产业匹配分析

（1）基于专业大类维度的分析

经过“十三五”时期的发展，清远已初步形成了以电力、电子、电器、陶瓷、建材、纺织服装、生物医学、食品加工、旅游为支柱产业的产业体系。根据《清远市国民经济和社会发展第十四个五年规划和 2035 年远景目标纲要》，“十四五”期间，清远将大力发展先进材料、前沿新材料、生物医药、装备制造、轻工消费品等产业，加快发展现代物流、金融、工业设计等生产性服务业和健康、养老、育幼等生活性服务业，积极发展信息管理、数据处理、财会核算等服务外包产业，培育和引进 5G、大数据、人工智能等新兴产业。根据最新统计数据，在目前广东省职教城各高职院校开设的 18 个专业大类中，专业数量排名前八的财经商贸、电子与信息、土木建筑、装备制造、文化艺术、交通运输、教育与体育、旅游等专业大类，基本契合了清远规划中大部分重要支柱产业的发展需要。不过，能源动力与材料、生物与化工、轻工纺织等专业大类所包含的专业比较有限，对应清远规划中的新材料、生物制药、轻工消费品等重要支柱产业显得较为单薄，难以形成有效支撑。

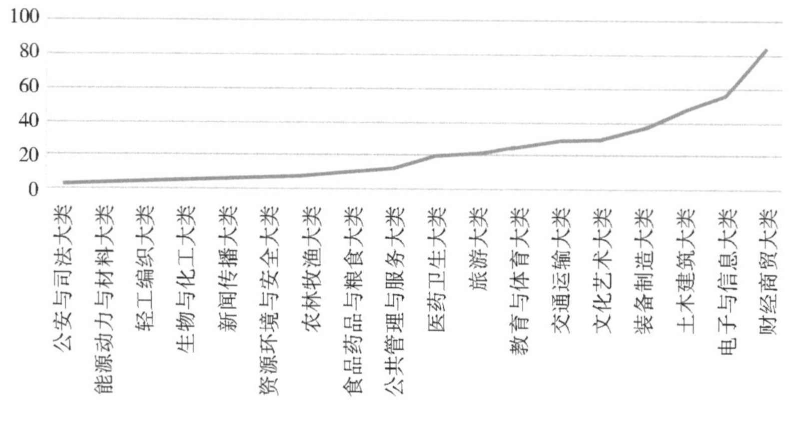

图 12-5　广东省职教城（清远）所设专业按大类分布情况

（2）基于院校维度的分析

目前，广东省职教城已完成一期工程的建设，各职业院校特色鲜明，专业丰富，涉及金融、交通、农业、建筑、工程、财贸等，对清远经济的发展起到了重要的支撑作用。从已进驻职教城的院校来看，广东碧桂园职业学院和广东建设职业技术学院以土木建筑类专业为特色，广东南华工商职业学院和广东财贸职业学院以财经商贸类专业为特色，广东科贸职业学院以农林牧渔类专业为特色，清远职业技术学院和广东岭南职业技术学院以医药卫生类专业和电子与信息类专业为特色，广东交通职业技术学院和广东工程职业技术学院以交通运输类和装备制造类专业为特色，广东金融学院清远校区主要以金融科技、艺术设计、资产管理和国际教育为重点。各职业院校的专业分布在一定程度上符合清远经济未来发展的需要，但仍有较大的调整空间。

从专业相对产业偏离度进行分析，总体来讲，广东省职教城的各职业院校都存在一定的偏离度。其中，广东建设职业技术学院的偏离度最小，而广东南华工商职业学院和广东财贸职业学院的偏离度较大。由此可知，广东省职教城各职业院校的专业分布与清远区域产业的发展契合度还有较大的改进空间。

关于第一产业偏离度，除清远职业技术学院和广东科贸职业学院两所院校外，其他 7 所院校均没有涉及第一产业的专业。清远是农业大市，也是全国农综改试点城市，农业发展是清远国民经济发展的重要方向，在广东省职教城后续的院校引进和总体调整中，应加强第一产业的专业设置。

关于第二产业偏离度，除广东建设职业技术学院、广东交通职业技术学院和广东碧桂园职业学院是正偏离外，其余院校均存在较大的负偏离。由此可知，广东省职教城的各职业院校的第二产业专业数量总体偏少，尤其在能源动力与材料、生物与化工、资源环境与安全等专业大类中分布的专业相对较少。

关于第三产业偏离度，只有广东碧桂园职业学院和广东交通职业技术学院两所院校是负偏离，其他 7 所院校均为正偏离，其中广东财贸职业学院和广东南华工商职业学院的偏离度分别为 47.01 和 45.44，清远市属高校清远职业技术学院的偏离度也较大，为 30.38。由此可知，广东省职教城的各职业院校在第三产业所分布的专业相对较多，尤其在财经商贸、电子与信息等专业大类，几乎所有院校都设置了专业，各院校在财经商贸专业大类共开设了 83 个专业，在电子与信息专业大类共开设了 55 个专业，专业扎堆和重复现象比较突出。

表 12-20　广东省职教城（清远）各职业院校专业相对产业偏离度

职业院校	广东碧桂园职业学院	广东财贸职业学院	广东工程职业技术学院	广东建设职业技术学院	广东交通职业技术学院	广东科贸职业学院	广东岭南职业技术学院	广东南华工商职业学院	清远职业技术学院
第一产业偏离度	−15.30	−15.30	−15.30	−15.30	−15.30	−3.06	−15.30	−15.30	−12.60
第二产业偏离度	30.60	−31.71	−6.07	11.62	21.71	−21.03	−20.25	−30.14	−17.78
第三产业偏离度	−15.30	47.01	21.37	3.68	−6.41	24.09	35.55	45.44	30.38
平均偏离度	20.40	31.34	14.24	10.20	14.47	16.06	23.70	30.29	20.25

12.7.3　协同发展理念下广东省职教城（清远）优化专业布局策略

（1）构建服务区域产业发展的职业教育治理体系

入驻广东省职教城的省属高校基本上都拥有比较悠久的办学历史，通过多年的积累，形成了较为明确的办学服务定位和特色。例如，广东交通职业技术学院是一所交通行业特色鲜明、工科为主的高等职业院校，一直将“立足交通，服务粤港澳区域经济社会发展”确定为学校的服务定位；广东建设职业技术学院是省内唯一一所公办建筑类高职院校，是建筑业高素质技术技能人才培养的主要基地和“现代鲁班”的摇篮。高职院校应根据区域经济发展的方向、学校的特色定位和已有基础来布局专业结构，为了更好地服务清远的地方经济，广东省职教城的各职业院校应共同构建服务区域产业发展的职业教育治理体系。在决策层面，一方面建立清远市职业教育联席会议制度，将入驻广东省职教城的省属职业院校吸收为成员单位，完善联席会议的运作机制。另一方面探索建立广东省职教城高校理事会制度，由市政府领导任理事长，共同推进广东省职教城的高质量发展。新入驻广东省职教城的高校应将服务清远区域经济纳入未来的专业布局规划，结合自身的办学特色，服务清远国家城乡融合发展试验区的建设。

(2) 面向区域支柱和特色产业深入推动产教融合

2019 年，清远市委、市政府提出以广清一体化加快融入大湾区、以生态旅游参与大湾区、以职业教育服务大湾区、以绿色生态吸引大湾区为主要抓手，将清远打造成为粤东、粤西、粤北地区融入粤港澳大湾区的先行市。为了实现区域产业与高校专业的充分融合，广东省职教城的各职业院校应围绕国家产教融合发展工程和“十百千”等产教融合行动计划，大力开展产教融合试点，实施校企深度合作项目，有效提升专业服务产业的契合度。2022 年 9 月，广东省职教城（清远）产教融合研究院成立，针对广东省委、省政府“双十”战略性产业集群部署和清远本地酒店、餐饮、农业、旅游等产业的发展现状，清远市持续深化产教融合，大力推进集团化校企协同育人。2020 年，清远职业技术学院牵头成立的清远市职业教育集团现有成员 77 家，清远的 24 家企业被纳入广东省第一批建设培育产教融合型企业，为清远产教融合型行业发展、产教融合型城市试点申报工作奠定了坚实基础。同时，清远市支持建设一批以资产为纽带，采用共投共建、共管共享方式建设的集生产、实训、实习、研发等功能于一体的培训中心。2022 年，广东建设职业技术学院与清远市生态环境局、清远市生态环境局清城分局共建的清远北江生态文明展示馆落成开馆，该项目是清远首个校地共建的高水平、示范性环境教育基地。作为清远市政府职能部门和广东省职教城入驻院校的一次共建合作，该项目的建设可以充分发挥场地和人才优势，帮助学校进一步丰富生态文明实践课程内容、完善专业教学设施和实训室配置，从而形成由区域生态文明建设政策理论研究平台、生态环境教育实践推广平台、生态环境保护科研与志愿服务协作平台和现代环境治理人才培养平台组成的“一基地四大平台”。

（3）实施面向企业的现代学徒制人才培养模式改革

目前，广东省职教城已初具规模，进驻职教城的院校逐渐摆脱了办学空间不足的限制，办学条件得到升级，院校建设的重点也逐渐转向内涵建设。现代学徒制是产教融合、校企合作的有效途径之一，是实现知行合一、工学结合、精准育人的基本手段之一。通过现代学徒制的实施可以强化企业育人主体地位与责任，完善促进职业教育校企合作办学的相关政策，引导规模以上企业与院校开展深度合作。经过多年的探索实践，清远逐渐形成了以现代学徒制引领职业教育创新发展的区域特色改革路径。2018 年，清远成功申报为教育部第三批现代学徒制唯一一个试点地区单位。在广东省职教城的各职业院校中，清远职业技术学院和广东建设职业技术学院是教育部现代学徒制试点学校单位。2010 年，清远职业技术学院被教育部确立为首批开展现代学徒制试点单位后，护理、医学美容技术、机电一体化技术等 9 个专业开展了长达 12 年的实践探索，先后与英德海螺水泥有限责任公司、清远市美亚宝铝业有限公司、广东伊丽莎白美容健身有限公司开展合作，实施校企联合招生、联合培养，强化优势特色专业，深化校企合作、产教融合，完善人才培养协同机制。从人才培养模式来看，现代学徒制通过将企业的本位职业培训引入正规的职业教育体系，改变了传统的学校本位职业教育人才培养模式，能够最有效地服务区域产业的人才需求和培养。

（4）通过职业教育资源共建共享实现广东省职教城各职业院校的均衡发展

虽然进驻广东省职教城的职业院校整体规模较大，但发展水平不均衡。从已进驻的 9 所高职院校来看，除广东交通职业技术学院是国家骨干高职院校外，其他院校均未进入国家示范（骨干）计划和“双高”计划。从 2019 年高等职业教育教学成果奖的获奖情况来看，进入教学成果奖获奖数量前十名的高职院校与进入国家示范（骨干）计划和“双高”计划的高职院校具有较高的一致性。广东交通职业技术学院凭借 3 个一等奖和一共获得 7 个奖项名列全省高职院校第六，成为广东省职教城唯一进入教学成果奖获奖数量前十的院校。广东科贸职业学院和清远职业技术学院均获 1 项一等奖，并列全省高职院校第十四。这一方面表明入驻广东省职教城的院校总体发展水平有待提升，另一方面也表明广东省职教城各职业院校间的办学水平有一定差异。因此，应加快建立健全广东省职教城职业院校协调沟通机制，推进广东省职教城职业院校的资源共建共享。引导广东省职教城的各职业院校深化实施“三教”改革，支持有条件的院校依托优势特色专业，强强联合，打造覆盖广东省职教城所有职业院校的高水平专业群。引导广东省职教城的各职业院校聚集优质职业教育资源，为推进资源共享奠定基础。推动成立广东省职教城专业联盟、教师联盟和课程联盟，充分发挥院校优势特色专业的龙头作用，带动相对落后院校的专业发展。

第13章　总结与展望

本书系统地探讨了在区域协调发展战略下我国职业教育供给侧改革的必要性、实施策略及其在推动区域经济和社会均衡发展中的作用。随着区域发展不平衡问题的日益显著，职业教育作为区域人才培养和经济发展的重要支柱，其改革和优化显得尤为重要。

13.1　研究成果总结

本书着重分析了当前我国区域发展的不平衡现状，并深入探讨了职业教育在区域协调发展中的关键角色及其供给侧改革的必要性。本书揭示了我国各区域在经济发展速度、社会福利水平、基础设施建设及人才需求等方面的显著差异，这些不平衡因素不仅制约了国家经济的整体协调性和发展效率，还加剧了区域之间的发展鸿沟。

为了更准确地理解这些问题，本书采用了实证研究方法，并辅以具体案例分析，全面评估了职业教育资源配置、教育质量及专业结构在不同区域的差异性。研究发现，现有职业教育体系在满足区域经济和社会需求方面存在显著不足，这不仅影响了教育的公平性和有效性，也限制了区域人才的优化配置和经济潜力的充分发挥。

职业教育在推动区域经济结构调整和技术创新中发挥着至关重要的作用，本书深入探讨了职业教育如何通过促进就业、支持产业升级和加强社会服务等多个维度，有效促进区域经济的全面发展。例如，职业教育通过提供与市场需求紧密对接的专业课程和技能培训，能够为区域产业转型升级提供必要的技术支持和人才保障。

此外，本书还深入分析了职业教育供给侧存在的结构性问题，包括专业设置的优化需求、教育模式的创新及校企合作的加强，这些问题的解决对于实现区域协调发展具有关键意义。通过优化职业教育的专业设置，可以更好地适应经济发展的新需求；通过创新教育模式，可以提高教育的吸引力和教学效果；通过加强校企合作，不仅可以给学生提供更多的实践机会，还有助于教育内容与实际工作需求的紧密结合，从而提升职业教育的整体质量和效率。

13.2 职业教育供给侧改革策略的实际意义

本书提出的职业教育供给侧改革策略，旨在满足我国区域协调发展的需求。这些策略包括科学调整职业院校的专业布局、加强产教融合和实践教学基础设施的建设、优化教育资源的均衡配置，以及加强国际合作，目的在于全面提升职业教育的质量和全球竞争力。

广东省的案例分析充分证明了职业教育供给侧优化的有效性。近年来，广东省根据自身的经济特点和社会发展需求，调整和优化职业院校的专业设置，重点发展与当地产业密切相关的实用型课程，不断加大对经济欠发达地区职业教育资源的投入，在粤东、粤西、粤北地区增设职业院校，在清远市建设广东省职教城，吸引多所省属院校进驻，有效改善了当地职业教育资源不足、人才短缺的状况。这种针对性的教育供给侧改革，不仅提升了职业教育的实用性和针对性，也促进了当地经济结构的优化和产业技术的进步。

本书提出的改革策略不仅有助于提升职业教育的整体质量和效果，还将加强我国职业教育在全球化背景下的国际竞争力。通过实施这些改革策略，可以有效推动我国区域经济的均衡发展，提高各区域人力资源的综合素质和技术水平，为我国的社会经济发展注入新的动力。

13.3 研究局限与未来展望

本书在分析区域协调发展战略下我国职业教育供给侧改革的过程中取得了一些初步的成果，但也存在一定的局限性。主要的限制因素包括数据收集的范围和深度，目前的数据主要来源于已发布的文献和部分地区公布的统计数据，这可能未能全面覆盖所有地区的具体情况。由于我国地域广阔，不同地区在经济发展、文化背景和教育需求上存在显著差异，这限制了研究结果的普遍适用性和深度。

此外，职业教育与区域协调发展之间的关系是一个复杂且不断演化的动态过程，涉及多种经济、社会和文化因素的相互作用。我们未来的研究需要更深入地探讨这种动态关系，尤其在不同经济和文化背景下职业教育策略的有效性。这就要求我们采用更广泛的数据源和更精细的分析方法，以确保研究结果的全面性和准确性。

针对未来的研究方向，鉴于经济全球化和技术快速发展的大背景，探讨职业教育如何促进区域经济的可持续发展显得尤为重要。未来的研究应关注职业教育在促进区域内部和区域间经济均衡发展方面的潜在作用，特别是在新兴产业领域，如数字经济和绿色经济，这些领域正在成为全球经济增长的新动力。

同时，未来的研究还应考虑职业教育在适应和推动新技术应用方面的作用。随着人工智能、大数据和可再生能源技术的快速发展，职业教育需要不断创新教学内容和教学方法，以适应这些技术变革，培养能够支持未来产业发展的高技能人才。

最后，政策创新是提升职业教育适应性和效果的关键。未来的研究应探索如何通过教育政策、教育技术和制度创新等手段，改善职业教育体系，使其更好地服务于区域协调发展的需要，尤其是在促进经济转型和社会包容性等方面的作用。通过这些研究，可以为政策制定者提供科学的建议，帮助他们设计出更有效的策略来优化职业教育，从而推动区域经济和社会的均衡发展。

综上所述，本书全面系统地分析了区域协调发展战略下我国职业教育供给侧改革的重要性和紧迫性，提出了针对性的改革措施和策略，不仅为推动我国职业教育的均衡发展和质量提升提供了理论依据，也为实际操作提供了行动指南。

主要参考文献

[1] 陈基纯. 高职教育专业设置与区域产业耦合协调发展研究：以广东省为例 [J]. 高等职业教育探索，2020，19（05）：6-12.

[2] 刘衎，段进军，陆彩兰. “十四五”时期长三角高等职业教育一体化发展的内涵、现状与路径 [J]. 教育与职业，2022，17（07）：13-20.

[3] 唐军，闫志龙，范兆媛，等. “双高计划”背景下高职教育专业结构与区域产业结构适配度研究：以江苏省为例 [J]. 职业技术教育，2022，43（08）：12-16.

[4] 林海龙. “双高计划”视域下广东高等职业教育扩容提质研究：基于服务“双区”的发展思路 [J]. 职业技术教育，2020，41（27）：67-74.

[5] 陈春梅，王圣玮. 福建省高职院校专业设置的现状、问题及对策：以福州、厦门、泉州三地为例 [J]. 职业技术教育，2022，43（20）：11-16.

[6] 耿孟茹，田浩然. 高等教育与产业结构耦合协调及其经济效应：基于省级面板数据和空间杜宾模型的实证分析 [J]. 重庆高教研究，2023，11（03）：64-78.

[7] 王珊. 高等教育与区域经济耦合协调发展及典型相关分析 [J]. 中国成人教育，2021（13）：21-25.

[8] 蔡逸群，褚先文. 经济新常态下高职院校专业设置与区域产业融合的实践研究：以徽商职业学院为例 [J]. 产业与科技论坛，2017，16

(21)：131-132.
[9] 刘红，江景. 江苏省高职教育专业结构与区域产业结构适应性研究：基于产业结构与就业结构的视角［J］. 常州信息职业技术学院学报，2017，16（02）：1-5.
[10] 杜宇虹. 高质量发展背景下湖北省高职教育专业结构调整与产业结构演进协同发展研究［J］. 教育与职业，2023，138（14）：97-102.
[11] 余宏涛. 产业升级背景下高职院校专业设置与产业结构耦合的策略：基于浙江省48所高职院校的实证分析［J］. 岳阳职业技术学院学报，2021，36（02）：1-6.
[12] 夏语曼. 产教融合视域下苏锡常都市圈高职教育与区域经济协同发展研究［J］. 继续教育研究，2024（02）：91-96.
[13] 申奎. 新发展格局下高职院校专业设置适应性策略分析［J］. 内江科技，2024，45（02）：56-58.
[14] 宋美静，刘红亚，路亚静. 产业需求视域下高职院校专业设置及动态调整研究［J］. 就业与保障，2024（02）：53-55.
[15] 牛彦飞. 基于产业发展需求的专业建设动态调整机制分析［J］. 石家庄职业技术学院学报，2024，36（01）：25-29.
[16] 刘中华. 加强职业院校专业建设，补齐职业教育短板［J］. 教育现代化，2019，6（56）：152-154.
[17] 徐健. 职业教育专业结构与产业结构吻合度的研究［J］. 当代职业教育，2010（07）：4-8.
[18] 吴婷婷，郑子艳，吴潇宇. 新时代高等职业教育适应性的水平测度与推进路径：基于专业设置与产业结构的耦合分析［J］. 河北大学成人教育学院学报，2023，25（02）：37-45.
[19] 张露颖，于志宏，李桂玲. 经济欠发达地区职业学校专业适应产业发展研究［J］. 教育与职业，2023，129（05）：69-72.
[20] 朱厚望. 产教融合、校企合作视域下高职专业结构调整研究与实践

[J]. 中国职业技术教育，2014（26）：57-61.
[21] 许朝山. 地方产业转型升级背景下高职院校专业设置及优化机制研究 [D]. 合肥：中国科学技术大学，2020.
[22] 卜树坡，刘勇. 产教融合背景下苏州高职院校专业动态调整机制研究 [J]. 苏州市职业大学学报，2018，29（03）：57-60.
[23] 王波，张崎静，方学良. 产教融合背景下高职院校专业预警与动态调整机制研究 [J]. 湖北开放职业学院学报，2022，35（13）：38-39+45.
[24] 马丹. 高职院校产教融合视域下专业设置与调整方案 [J]. 继续教育研究，2020（01）：87-90.
[25] 曹梦婷，李德才. 高等职业教育与地方经济协同发展的困境及对策研究：以合肥地区为例 [J]. 应用型高等教育研究，2022，7（02）：40-45.
[26] 伍百军. 供给侧改革语境下高职院校专业设置与产业结构耦合协调研究：以云浮市为案例 [J]. 中国职业技术教育，2019（11）：53-57+68.
[27] 米靖. 职业教育与劳动力市场的关系 [J]. 教育与职业，2012（08）：12-15.
[28] 沈陆娟. 高职教育结构与产业结构互动中的时滞问题研究：浙江省的数据分析 [J]. 中国职业技术教育，2018（11）：20-26.
[29] 张本波. 我国就业弹性系数变动趋势及影响因素分析 [J]. 经济学动态，2005（08）：31-36.
[30] 许朝山. 地方产业转型升级背景下高职院校专业设置及优化机制研究 [D]. 合肥：中国科学技术大学，2020.
[31] 徐雷. 土建类高校《建设法规》课程教学方法改革刍议 [J]. 西安建筑科技大学学报（社会科学版），2009（04）：79-82.
[32] 张芊芊. 中国制造业“新型化”及其驱动因素研究 [D]. 南京：东

南大学，2016.
[33] 刘艳美. 广东“十四五”将打造全球先进制造业基地［J］. 宁波经济（财经视点），2021（09）：19.
[34] 唐树伶，岳颖. 河北省高职院校专业结构与产业结构契合度探究［J］. 教育与职业，2020（24）：47-51.
[35] 广东省教育厅. 广东省高等职业教育质量年度报告（2021）［M］. 广州：广东高等教育出版社，2021.
[36] 陈建华，姚燕芬. 江西省中等职业教育与区域经济协调发展研究［J］. 职教论坛，2015（28）：78-82.
[37] 崔晓迪. 现代职业教育与区域经济协调发展研究：以天津市为例［J］. 教育与经济，2013（01）：31-35+72.
[38] 刘志铭. 以更高站位更宽视野推进广东区域协调发展［N］. 南方日报，2022-05-23.
[39] 尚图强. 广东区域协调发展问题研究［D］. 湛江：广东海洋大学，2011.
[40] 戴颂华. 试论我国市场经济体制下的区域协调发展［J］. 规划师，2000，16（01）：110-112.
[41] 陈秀山，刘红. 区域协调发展要健全区域互动机制［J］. 党政干部学刊，2006（01）：26-28.
[42] 广东省教育厅. 广东省高等职业教育质量年度报告（2023）［M］. 广州：广东高等教育出版社，2023.
[43] 柯婧秋，闫广芬. 职业教育区域一体化发展：动力、内在机理与实现路径：基于新制度经济学的视角［J］. 大学教育科学，2022（01）：120-127.
[44] Wang T, Li H. Have regional coordinated development policies promoted urban carbon emission efficiency? —the evidence from the urban agglomerations in the middle reaches of the Yangtze River[J]. Envi-

ronmental science and pollution research international, 2023 (14): 39618-39636.

[45]Xu B, Liu L, Sun Y. The Spatio—temporal pattern of regional coordinated development in the common prosperity demonstration zone—evidence from Zhejiang Province[J]. Sustainability, 2023, 15(4): 2939.

[46]Guo S, Ma H. Can the spatial function division of urbanization promote regional coordinated development? Evidence from the Yangtze River Economic Belt in China[J]. Sustainability, 2022, 14(12): 7115.

[47]Li Y, Teng M, Feng Y. Research on the Relationship between Beijing-Tianjin-Hebei Airport Group and Regional Coordinated Development [J]. Mathematical Problems in Engineering, 2022(1): 3974316.

[48]Yang Q, Ding Y, De Vries B, et al. Assessing regional sustainability using a model of coordinated development index: A case study of mainland China[J]. Sustainability, 2014, 6 (12): 9282-9304.

[49]Wen X. Prediction and Early Warning of Regional Coordinated Development Based on Convolution Neural Network Algorithm[J]. Computational Intelligence and Neuroscience, 2021(1): 7143246.

[50]Wang X, Dong Z, Xu W, et al. Study on spatial and temporal distribution characteristics of coordinated development degree among regional water resources, social economy, and ecological environment systems [J]. International Journal of Environmental Research and Public Health, 2019, 16(21): 4213.

[51]Allais S. Selling out education: National qualifications frameworks and the neglect of knowledge[M]. Berlin: Springer, 2014.

[52]Billett S. Vocational education: Purposes, traditions and prospects [M]. Berlin: Springer Science & Business Media, 2011.

[53]Busemeyer, Marius R, Christine Trampusch. The political economy of

collective skill formation[M]. Oxford :Oxford University Press,2012.

[54]Walkenhorst H. Explaining change in EU education policy[J]. Journal of European Public Policy,2008,15(4):567-587.

[55]McGrath S, Mulder M, Papier J, et al. Handbook of Vocational Education and Training: Developments in the Changing World of Work [M]. Berlin:Springer. 2019.

[56]Pilz, Matthias. The future of vocational education and training in a changing world[M]. Berlin:Springer. 2012.

[57]Ryan P. Apprenticeship: Between theory and practice, school and workplace[J]. The future of vocational education and training in a changing world,2012:402-432.